J. M. R. Lenz
Der Engländer

Ausgewählt und mit einem Nachwort
von Ulrich und Bettina Hohoff

Konzeption und Gestaltung:

J. M. R. Lenz

Der Engländer

Der tugendhafte Taugenichts
Die Aussteuer

Dramen und Gedichte

Dağyeli

CIP – Kurztitelaufnahme der Deutschen Bibliothek:

Lenz, Jakob Michael Reinhold.:
Der Engländer. Der tugendhafte Taugenichts
[u.a.] Dramen u. Gedichte / Jakob Michael
Reinhold Lenz. Ausgew. u. mit e. Nachw. von
Ulrich u. Bettina Hohoff. – Frankfurt (Main):
Dağyeli, 1986.
ISBN 3-924320-45-4
NE: Lenz, Jakob Michael Reinhold: [Sammlung]

1. Auflage 1986
© „Dağyeli Verlag, Edition Puls"
Merianstr. 27, D–6000 Frankfurt 1
Alle Rechte vorbehalten
Reproduktion nur mit Genehmigung
Satz: tughra fotosatz, Nürnberg

Druck und Verarbeitung: Fuldaer Verlagsanstalt GmbH
ISBN 3-924320 – 45 – 4

DER ENGLÄNDER

Eine dramatische Phantasei

(Erstdruck 1777)

PERSONEN

Robert Hot, ein Engländer
Lord Hot, sein Vater
Lord Hamilton, dessen Freund
Die Prinzessin von Carignan
Ein Major in sardinischen Diensten
Verschiedene Soldaten
Tognina, eine Buhlschwester
Ein Geistlicher
Verschiedene Bediente

Der Schauplatz ist Turin

ERSTER AKT

Erste Szene

Robert Hot spaziert mit der Flinte vor dem Palast auf und ab. Es ist Nacht. In dem einen Flügel des Palasts schimmert hinter einer roten Gardine ein Licht durch.

ROBERT: Da steck ich nun im Musketierrock, ich armer Proteus. Habe die Soldaten und ihre Knechtschaft und ihre Pünktlichkeit sonst ärger gehaßt wie den Teufel!– Ha! was täte man nicht um dich, Armida? Es ist kalt. Brennt doch ein ewiges Feuer in dieser Brust, und wie vor einem Schmelzofen glüh ich, wenn ich meine Augen zu jenen roten Gardinen erhebe. Dort schläft sie, dort schlummert sie jetzt vielleicht. O, der Kissen zu sein, der ihre Wange wiegt!– – Wenn der Mond, der so dreist in ihr Zimmer darf, sie weckte, wenn er sie ans Fenster führte!– Götter!– – – Mein Vater kommt morgen an, mich nach England zurückzuführen – Komm, schöne Armida, rette mich! laß mich dich noch einmal demütig anschauen, dann mit diesem Gewehr mir den Tod geben; meinem Vater auf ewig die grausame Gewalt nehmen, die er über mich hat. Mich nach England zurückführen! mich zu den öffentlichen Geschäften brauchen! mich mit Lord Hamiltons Tochter verheuraten. *(Schlägt auf sein Gewehr)* Kommt nur! Eher möchtet ihr mich mit dem Teufel verheuraten. *Geht lange stumm auf und ab.)*
O wie unglücklich ist doch der Mensch! In der ganzen Natur folgt alles seinem Triebe, der Sperber fliegt auf seine Beute, die Biene auf ihre Blume, der Adler in die Sonne selber – der Mensch, nur der Mensch – – Wer will mir's verbieten? Hab' ich nicht zwanzig Jahre mir alles versagt, was die Menschen sich wünschen und erstreben? Pflanzenleben gelebt, Steinleben? bloß um die törichten Wünsche meines Vaters auszuführen; alle sterbliche Schönheit hintan gesetzt und wie ein Schulmeister mir den Kopf zerbrochen; ohne Haar auf dem Kinn wie ein Greis gelebt, über nichts als Büchern und leblosen, wesenlosen Dingen, wie ein abgezogner Spiritus in einer Flasche, der in sich selber verraucht. Und nun, da ich das Gesicht finde, das mich für alles das entschädigen kann, das Gesicht, auf dem alle Glückseligkeit oder Erde und des Himmels, wie in einem Brennpunkt vereinigt, mir entgegen winkt, das Lächeln, das mein ganzes unglückliches, sterbendes, verschmachtendes Herz umfaßt und meinen ausgetrockneten, versteinerten Sinnen auf einmal zuzuwinken scheint: Hier ist Leben, Freude ohne Ende, Seligkeit ohne Grenzen – Ach! ich

muß hinauf – so wahr ein jeder Mensch einen Himmel sucht, weil er auf Erden nicht zufrieden werden kann.*(Er schießt sein Gewehr ab, das Fenster öffnet sich, die Prinzessin sieht heraus.)*
ROBERT*(kniet)*: Sind sie's, göttliche Armida? – O zürnen Sie nicht über diese Verwegenheit! Sehen Sie herab auf einen Unglücklichen, der zu sterben entschlossen ist und kein anderes Mittel wußte, Sie vor seinem Tod noch einmal zu sehen, Ihnen zu sagen, daß er für Sie stirbt. Die Sonne zürnt nicht, wenn ein dreister Vogel ihr entgegen fliegt und, von ihrem Glanz betäubt, sodann tot herab ins Meer fällt.
ARMIDA: Wer spricht dort mit mir?
ROBERT: Erlauben Sie mir, daß ich herauf komme, Ihnen meinen Namen zu nennen, meine Geschichte zu erzählen. Das tote Schweigen der Natur und die feierliche Stille dieser meiner Sterbestunde flößt mir Mut ein. Ich gehe zum Himmel, wenn es einen gibt, und einem Sterbenden muß alles erlaubt sein.–*(Will aufstehen.)*
ARMIDA: Verwegner! Wer seid Ihr?
ROBERT: Ich bin ein Engländer, Prinzessin; bin der Stolz und die Hoffnung meines Vaters, des Lord Hot, Pair von England. Auf der letzten Maskerade bei Hof hab ich Sie gesehen, hab ich mit Ihnen getanzt; Sie haben es vergessen, ich aber nicht. Ich kann und darf nicht hoffen, Sie jemals zu besitzen, doch kann ich nicht leben ohne diese Hoffnung. Morgen kommt mein Vater an und will mich nach England zurückführen und mit Lord Hamiltons Tochter verheuraten. Urteilen Sie nun, wie unglücklich ich bin. Er darf's nicht wissen, daß ich Soldat bin, sonst kauft er mich los; und wo denn Schutz finden, was denn anfangen, wenn mich dieser heilige Stand vor ihm und Lord Hamilton nicht mehr sicher stellen kann?– Bedauern Sie mich, Prinzessin; ich sehe, ich sehe das Mitleid aus Ihren schwarzen Augen zittern; ich kann diesen süßen Seufzer mit meinen Lippen auffangen, der ihren Busen mir so göttlich weiß entgegen hebt.– O in diesem Augenblick zu sterben ist alle Glückseligkeit des Lebens wert.
ARMIDA: Mein Herr! ich sehe wohl, daß Sie was anders sind, als Sie zu sein scheinen – daß Sie Bedauern verdienen – Sind Sie damit zufrieden, wenn ich Sie bedauere? Ist Ihnen diese Versicherung nicht genug, so bedenken Sie doch, daß mehr verlangen, mein Unglück verlangen hieße.
ROBERT: Ach, schöne Prinzessin! nichts als bedauren? Und wenn auch das Sie nicht glücklich macht, so will ich den Urheber Ihres Unglücks strafen. *(Springt auf, nimmt sein Gewehr wieder und geht herum. Die Runde kommt.)*
ROBERT: Wer da?
RUNDE: Runde!
ROBERT: Steh, Runde! *(Heimlich mit dem Major.)*
MAJOR *(laut)*: Was ist vorgegangen, daß Ihr geschossen habt?
ROBERT: Ich habe einen Deserteur ertappt.

MAJOR: Es hat doch niemand beim Appell gefehlt. Wer war's?
ROBERT: Ich.
MAJOR: Kerl, habt Ihr den Verstand verloren? Löst ihn ab, führt ihn in die Hauptwache.

ZWEITER AKT

Erste Szene

Der Prinzessin Palast.

Major Borgia. Prinzessin von Carignan.

MAJOR: Eure Hoheit wird verzeihen, daß ich mich untertänigst beurlaube. Es wird Kriegsrat über einen Deserteur gehalten, bei dem ich unumgänglich gegenwärtig sein muß.
ARMIDA: Eben deswegen, Herr Major, habe ich Sie rufen lassen. Er ist unter meinem Fenster in Verhaft genommen worden, ich war wach, als der Schuß geschah. Der Mensch muß eine verborgene Melancholei haben, die ihn zu dergleichen gewaltsamen Entschließungen bringt.
MAJOR: Man will sagen, daß er nicht von geringem Herkommen sei. Einige haben mir sogar behaupten wollen, er sei Lord und von einem der ersten Häuser in England.
PRINZESSIN: Desto behutsamer müssen Sie gehen. Erkundigen Sie sich sorgfältig nach seiner Familie bei ihm.
MAJOR: Es ist schon geschehen. Er will aber nichts sagen, und die Strenge der königlichen Verordnungen –
PRINZESSIN: Ich gelte auch was bei dem König und mein Bruder; und ich will, daß Sie ihm das Leben nicht absprechen, Herr Major, wenn Ihnen Ihr zeitlich Glück lieb ist.
MAJOR: Nach dem Kriegsreglement hat er das Leben verwirkt–
PRINZESSIN: Ich gehe, mich dem Könige deswegen zu Füßen zu werfen, unterdessen erkundigen Sie sich auf's sorgfältigste nach seinen Eltern und sehen Sie, daß Sie ihnen, so geschwind es sein kann, Nachricht von diesem Vorfall geben. Ich bitte mir's von Ihnen zu Gnaden aus, Herr Major!
MAJOR: Eurer Hoheit Befehle sind mir in allen andern Stücken heilig–
(Sie gibt ihm noch einen Blick und geht ab. Der Major gleichfalls von der andern Seite.)

Zweite Szene

Roberts Gefängnis. In der Dämmerung

ROBERT *(spielt die Violine und singt dazu):*
So geht's denn aus dem Weltchen 'raus,
O Wollust, zu vergehen!
Ich sterbe sonder Furcht und Graus,
Ich habe sie gesehen.
Brust und Gedanke voll von ihr:
So komm, o Tod! ich geige dir;
So komm, o Tod! und tanze mir.

Nur um ein paar Ellen hätt ich ihr näher sein sollen, ihre Mienen auf mich herabscheinen zu sehen – ihren Atem zu trinken – Man muß genügsam sein– Das Leben ist mir gut genug worden, es ist Zeit, daß ich gehe, eh es schlimmer wird. *(Spielt wieder.)*

O Wollust – o Wollust, zu vergehen!
Ich habe – habe sie gesehen.

(Die Prinzessin von Carignan tritt ins Gefängnis, verkleidet als ein junger Offizier. Ihr Bruder als Gemeiner.)
ROBERT: Himmlisches Licht, das micht umgibt! *(Läßt die Geige fallen, kniet.)*
PRINZESSIN: Stehen Sie auf, mein Herr! Ich bring Ihnen Ihr Urteil – Ihre Begnadigung vielmehr. Ich war die Ursache der unglücklichen Verirrung Ihrer Einbildungskraft, ich mußte dafür sorgen, daß sie nicht von zu traurigen Folgen für Sie würde. Sie werden nicht sterben. Stehen Sie auf. *(Als ob sie ihn aufrichtete.)*
ROBERT *(bleibt kniend)*: Nicht sterben? und das nennen Sie Gnade! – oft ist das Leben ein Tod, Prinzessin, und der Tod ein besseres Leben.
PRINZESSIN: Das Leben ist das höchste Gut, das wir besitzen.
ROBERT: Freilich hört mit dem Tod alles auf, aber im höchsten Genuß aufhören, heißt tausendfach genießen. Gönnen Sie mir dieses Glück, Prinzessin, *(ihr einen Dolch reichend, der auf einem Sessel liegt)* lassen Sie mich den Tod aus diesen Händen nehmen, von denen er mir allein Wohltat ist. Ich will meinen entfliehenden Atem in diese Hände zurückgeben, die ihn schon lange gefesselt hatten, die zu berühren meine scheidende Seele schon tausendmal auf meinen Lippen geschwebt ist.
PRINZESSIN *(setzt sich)*: Mein Freund! – *(knöpft sich ein Armband ab)* hier haben Sie etwas, das Ihnen das Leben angenehmer machen soll; nehmen Sie es mit in Ihre Gefangenschaft, versüßen Sie sich die Einsam-

keit damit; und bilden Sie sich ein, daß das Urbild von diesem Gemälde vielleicht nicht so fühllos bei Ihren Leiden würde gewesen sein, als es dieser ungetreue Schatten von ihm sein wird. *(Gibt ihm das Porträt und eilt jählings ab.)*
ROBERT *(in die Knie sinkend, das Bild am Gesicht)*: Ach, nun Ewigkeiten zu leben! – – mit diesem Bilde! – – Wesen! wenn eins da ist, furchtbarstes aller Wesen! könntest du so grausam gegen einen handhohen Sterblichen sein und mir dies im Tode nehmen – Wenn ein Leben nach dem Tode wäre – dies ist das erstemal, daß mich der Gedanke bei den Haaren faßt und in einen grauenvollen Abgrund hinabschüttelt – Ein Leben nach dem Tode, und ohne sie – Nein, sie wußte, was sie mir brachte, Leben und ihr Bild. Es ist ihr dran gelegen, daß ich sie nicht aus diesem Herzen verliere, und wenn ich verginge, verging ein Teil ihres Glücks mit. Ich will also die Begnadigung um ihretwillen annehmen. *(Steht auf, nimmt das Urteil von dem Tisch und liest.)* „... in eine lebenslängliche Verweisung auf die Festung." Lebenslänglich! das ist genug – aber sie wird vor mir stehn, ihre Hand wird mir den Schweiß von der Stirne trocknen, die Tränen von den Backen wischen – die Augen mir zudrücken, wenn ich ausgelitten habe. Überall werd ich sie hören, sie sehen, sie sprechen, und die Kette, an der ich arbeite, wird ihre Kette sein. *(Fährt zusammen.)* Wen seh ich!
(Der alte Lord Hot tritt herein.)
LORD: Unwürdiger! ist das der Ort, wo ich dich anzutreffen hoffte?
ROBERT *(fällt ihm zu Füßen, eine Weile stumm)*: Lassen Sie mich zu mir selber kommen, mein Vater –
LORD *(hebt ihn auf, umarmt ihn)*: Armer, wahnwitziger, kranker Schulknabe! du ein Pair im Parlement? –
ROBERT: Hören Sie mich an –
LORD: Ich weiß alles. Ich komme von der Prinzessin Carignan. *(Robert zittert.)* Du hast die Dame unglücklich gemacht, sie kann es sich und ihren Reizungen nicht verzeihen, einen Menschen so gänzlich um seinen Verstand gebracht zu haben, der jung, hoffnungsvoll, in der Blüte seiner Jahre und Fähigkeiten, seinen Vater und Vaterland in den größten Erwartungen hintergeht. Hier ist deine Befreiung! Willst du der Prinzessin nicht auf ewig einen Dorn in ihr Herz drücken, so steh auf, setz dich ein mit mir und kehr nach England zurück.
Robert eine Weile außer Fassung, dann fährt er plötzlich nach der Ordre in des Vaters Händen und will sie zerreißen.)
LORD: Nichtswürdiger! – deine Begnadigung! –
ROBERT: Nein, die Begnadigung meiner Prinzessin war viel gnädiger. Ich habe die Festung verdient, weil ich mich unterstanden, ihre Ruhe zu stören. Aber ich blieb ihr nah; derselbe Himmel umwölbte mich, dieselbe Luft wehte mich an – es waren keine Länder, kein ungetreues Meer

zwischen uns; ich konnte wenigstens von Zeit zu Zeit Neuigkeiten von ihr zu hören hoffen – Aber nun auf ewig von ihr hinweggerissen, in den Strudel der öffentlichen Geschäfte; vom König und Ihnen und und Lord Hamilton gezwungen, in den Armen der Lady Hamilton – sie zu vergessen! – Behalten Sie Ihre Begnadigung für sich und gehen in die Wälder, von wilden Tieren Zärtlichkeit für Ihre Jungen zu lernen.

LORD: Elender! so machst du die menschenfreundlichsten Bemühungen zu nichte und stößest die Hände, die dich vor dem Sturze des Abgrundes weghaschen wollen, mit Undankbarkeit von dir. Wisse! es ist nicht meine Hand, die du da zurückstößt, es ist die Hand deiner Prinzessin selber. Sie hat dir diese Befreiung ausgewirkt, und damit sie deine unsinnige Leidenschaft durch diese Großmut nicht nährte, hat sie mich gebeten, ihr meinen Namen dazu zu leihen, hat sie sich gestellt, dir eine zweideutige Begnadigung ausgewirkt zu haben, um sich dadurch in deiner Phantasie einen widerwärtigen Schatten zu geben. Aber deine Raserei ist unheilbar; wenigstens zittre, ihren großmütigen Absichten entgegen zu stehen, und wenn du nicht willst, daß sie dich als den Störer ihres ganzen Glücks auf ewig hassen soll – flieh! sie befiehlt es dir aus meinem Munde. –

ROBERT *(lange vor sich hinsehend)*: Das ist in der Tat fürchterlich! diese Klarheit, die mich umgibt und mir die liebe Dunkelheit, die mich so glücklich machte, auf immer entreißt. Also die Prinzessin selber arbeitet dran, daß ich fortkomme, daß ich nach England gehen und sie in den Armen einer andern auf ewig vergessen soll.

LORD: Sie hat mich in ganz Turin aufsuchen lassen, da sie unter der Liste der Durchreisenden meinen Namen gefunden. Sie muß von meiner Ankunft unterrichtet gewesen sein.

ROBERT: Das ist viel Sorgfalt für mein Glück, für meine Heilung. – Ich bin freilich ein großer Tor – Aber wenn Sie sie gesehn hätten, Lord Hot – und mit meinen Augen –, das erstemal, als ich sie auf der Maskerade sah – wie sie so da stand in ihrer ganzen Jugend und alles um sie lachte und gaukelte und glänzte, die roten Bänder an ihrem Kopfschmucke von ihren Wangen die Röte stahlen, die Diamanten aus ihren Augen das Feuer bettelten und alles um sie her verlosch und man wie bei einer göttlichen Erscheinung für die ganze Natur die Sinne verlor und nur sie und ihre Reize aus der weit verschwundenen Schöpfung bedeckt. Jedermann in Turin kennet sie, jedermann spricht von ihr mit Bewunderung und Liebe. Es ist ein Engel, Lord Hot! ich weiß Züge von ihr, die kalte Weltweise haben schauernd gemacht. – Mein Vater, ich kann noch nicht mit nach England. Ich werde heilen, ich muß heilen, aber ich muß mich noch erst erholen, eh ich so stark bin, es selber zu wollen.

LORD *(faßt ihn an der Hand)*: Komm! so bald du vernünftig wirst, wirst du glücklich sein und mich und uns alle glücklich machen, am meisten

aber die, die du anbetest.
ROBERT *(legt beide Arme übereinander, den Himmel lang ansehend)*:
Ich glücklich? *(Zuckt die Achseln und geht mit Lord Hot ab.)*

DRITTER AKT

Erste Szene

Robert in einem Domino ganz ermüdet nach Hause kommend und sich in Lehnstuhl werfend. Es ist Mitternacht, mehr gegen die Morgenstunde.

ROBERT: Sie wollen mich durch Mummereien und Vergnügen und Rasereien wieder zu meinem Verstand bringen. Sie haben recht gehabt, sie haben mich wenigstens so weit gebracht, daß ich durch eine verstellte Gleichgültigkeit ihr Argusauge betrügen und ihren bittern Spöttereien über die schönste Torheit meines Lebens ausweichen kann. Ha, unter allen Foltern des Lebens, auf die der Scharfsinn der Menschen gesonnen haben kann, kenn ich keine größere, als zu lieben und ausgelacht zu werden. Und die Marmorherzen machen ihrem Gewissen diese Peinigung ihrer Nebenmenschen so leicht, weil sie ihnen so wenig Mühe kostet, weil sie ihrem Stolz und eingebildeten Weisheit so sehr schmeichelt, weil sie die schlechteste Erdensöhne mit so geringen Kosten über den würdigsten Göttersohn hinaus setzt. Ha! sie sollen diese Freude nicht mehr haben. – Mich auslachen1 – mich dünkt, ein Teil von dem Hohn fällt auch auf den Gegenstand zurück, den ich anbete – *(springt auf)* und das ist ärger, als wenn Himmel und Erde zusammen fielen und die Götter ein Spiel der Säue würden – Ruhig, Robert! da kommen sie. *(Wirft sich wieder in den Lehnstuhl und scheint zu schlummern.)*
(Lord Hot und Lord Hamilton kommen. Sie haben's gesehen und lächeln einander zu.)
LORD HOT: Es läßt sich doch zur Besserung mit ihm an.
LORD HAMILTON: Wenn nur ein Mittel wäre, ihm den Geschmack an Wollust und Behäglichkeit beizubringen; er hat sie noch nie gekostet; und wenn das so fortstürmt in seiner Seele, kann er sie auch nie kosten lernen.
LORD HOT: Wenn ich ihn nur in England hätte!
LORD HAMILTON: Hier! Hier! Die italienische Augen haben eine große Beredsamkeit, besonders für ein britisches Herz.
ROBERT *(zwischen den Zähnen):* Der Verräter!

LORD HOT: Es tut mir leid, daß ich ihm keine mitgegeben, als er von Hause ging.
LORD HAMILTON: Ich kenne hier eine, die einen Antonius von Padua verführt haben würde. Augen, so jugendlich schmachtend, als Venus zum erstenmal aufschlug, da sie aus dem Meerschaum sich loswand und die Götter brünstig vom Himmel zog. Es ist ein so vollkommenes Meisterstück der Natur, daß alle Pinsel unserer Maler an ihr verzweifelt sind. Ihre Arme, ihr Busen, ihr Wuchs, ihre Stellungen – Ach wenn sie sich einladend zurück lehnt und tausend zärtliche Regungen den Schnee ihres Busens aufzuarbeiten anfangen –
ROBERT *(wirft ihm seine Uhr an den Kopf):* Nichtswürdiger!
LORD HOT *(läuft ganz erhitzt auf ihn zu, als ob er ihn schlagen wollte):* Nichtswürdiger du selber! Du verdienst, daß man dich in das tiefste Loch der Erde steckte.
LORD HAMILTON *(der sich erholt hat, faßt Lord Hot an):* Geduld, Lord Hot! ich bitte dich. Geduld, Mann! Es wird sich alles von selber geben. Ich billige diese Hitze an Roberten, er hat sie von dir. Du hättest es nicht besser gemacht, wenn du in seinen Jahren wärst – Es wird sich legen, ich versichere dich. Ich hoffe noch die Zeit zu erleben, da Robert über sich lachen wird.
ROBERT *(kniend):* Götter! *(Beißt sich in die Hände.)*
LORD HAMILTON: Wir wollen ihn seinem Nachdenken überlassen, er ist kein Kind mehr. *(Führt Lord Hot ab.)*
ROBERT: Das mein ich, daß er kein Kind ist. Wie hoch diese Leute über mich sind, wie sie über mich wegschreiten! wie man über eine verächtliche Made wegschreitet – Und ihr Vorzug! daß sie kalt sind; daß sie lachen können, wo ich nicht lachen kann – Nun, es wird sich alles von selbst geben, Robert wird ein gescheuter, vernünftiger Mann werden! Es wird schon kommen, nur Geduld! – Unterdessen – *(Öffnet ein Fenster und springt heraus.)*

VIERTER AKT

Erste Szene

Robert Hot, als ein Savoyard gekleidet, unter dem Fenster der Prinzessin von Carignan in der schönsten sternhellen Nacht.

ROBERT: Hast du kein Mitleiden mit mir, Unbarmherzige? Fühlst du nicht, wer hier herumgeht, so trostlos, so trostlos, daß die Steine sich für

Erbarmen bewegen. Was hab ich begangen, was hab ich verbrochen, daß ich soviel ausstehen muß? Womit hab ich dich beleidigt, erzürnter Himmel, ihr kalten und freundlichen Sterne, die ihr so schön und so grausam auf mich niederseht? Auch in dem Stück ihr ähnlich. Muß denn alles gefühllos sein, was vollkommen ist; nur darum anbetenswert, weil es, in sich selbst glücklich, seine Anbeter nicht der Aufmerksamkeit würdig achtet. – *(Wirft sich nieder auf sein Angesicht, dann hebt er sich auf.)* Ja, Hamilton hat recht geweissagt, ich bin so weit gekommen, daß ich über mich selbst lachen muß. Ist es nicht höchst lächerlich, so da zu liegen, dem Spott aller Vorübergehenden, selbst dem Geknurr und Gemurr der Hunde ausgesetzt; ich, der Einzige meiner Familie, auf dessen sich entwickelnde Talente ganz England harrte? Robert, du bist in der Tat ein Narr. Zurück! zurück! zu deinem Vater, und werd einmal klug. *(Leiert auf seiner Marmotte.)*

a di di dal da
a di didda dalli di da.

Ach, gnädigste Prinzessin, einen Heller! allergnädigste königliche Majestät.

a di di dal da
di di didda dallidida.

O – o! geben Sie mir doch einen Heller, Eure kaiserliche Majestät – Eure päpstliche Heiligkeit – O – o!
(Das Fenster geht auf, es fliegt etwas heraus in Papier gewickelt. Robert fängt's begierig auf.)
O, das Geld kommt von ihr – *(Küßt es.)* In Papier – Wer weiß, was drauf geschrieben steht. *(Macht das Papier auf und tritt an die Laterne.)* Nichts! – Robert! – weiß – ganz weiß! – Du hast nichts, Robert, du verdienst nichts. – Wer weiß, warf's ein Bedienter heraus. – Ja doch ; es kam nicht aus ihrem Fenster; es kam aus dem obern Stock, und wo mir recht ist, sah ich einen roten Ärmel. Geh zurück in deines Vaters Haus, Robert! es ist eben so gut – – – Wenn nur die Bedienten meines Vaters ihm von diesem Aufzug nichts sagen, sonst bin ich verloren. Ich schleiche mich noch wohl hinein. – *(Ab.)*

FÜNFTER AKT

Erste Szene

Robert in seinem Zimmer, krank auf seinem Bette. Lord Hot tritt herein.

LORD HOT: Nun, wie steht's? Haben die Kopfschmerzen nachgelassen?
ROBERT: So etwas, Mylord.
LORD HOT: Nun, es wird schon besser werden; ich hoff, ich vertreib sie dir. Steh auf, und zieh dich an, du sollst mit mir zur Prinzessin von Carignan.
ROBERT *(faßt ihn hastig an beide Hände):* Was sagten sie? Sie spotten meiner.
LORD HOT: Ich spotte nicht; du sollst dich zugleich von ihr beurlauben.
ROBERT: Hat sie mich verlangt?
LORD HOT: Verlangt – sie hat wohl viel Zeit, an dich zu denken. Sie empfängt gegenwärtig die Glückwünschungen des ganzen Hofs, und du wirst doch auch nicht der letzte sein, vor deiner Abreise nach London ihr auch die deinige abzulegen.
ROBERT: Glückwünschungen – und wozu?
LORD HOT: Sie vermählt sich –
ROBERT *(schreit):* Vermählt sich! *(Fällt zurück in Ohnmacht.)*
LORD HOT: Wie nun, Robert? – was ist dir, Robert? – Ich Unglücklicher! – Hülfe! *(Sucht ihn zu ermuntern.)*
(Lord Hamilton kommt.)
LORD HAMILTON: Wie steht's? hat's angeschlagen?
LORD HOT: Er ist tot. –
LORD HAMILTON *(nähert sich):* Nun er wird wieder aufleben. *(Ihn gleichfalls vergeblich zu ermuntern suchend.)*
Man muß ihm eine Ader schlagen. *(Streift ihm den Arm auf.)* Geschwind, Bediente, ein Lanzett oder einen Chirurgus, was ihr am ersten bekommen könnt.
ROBERT *(erwacht und sieht wild umher):* Wer ist da?
LORD HOT *(bekümmert):* Dein Vater – deine guten Freunde.
ROBERT *(stößt ihn von sich):* Weg mit den Vätern! – Laßt mich allein!– *(Sehr hitzig.)* Laßt mich allein! sag ich!
LORD HAMILTON: Wir müssen ihn allein lassen, daß er sich erholen kann; der Zwang, den er sich in unserer Gegenwart antut, ist ihm tödlich. – Es wird sich alles von selbst legen.
LORD HOT: Du bist immer mit dem alles von selber – Wenigstens alles Gewehr ihm weggenommen. *(Greift an den Tisch und um die Wände umher und geht mit Lord Hamilton ab.)*

ROBERT: Also vermählt! Das Schwert, das am letzten Haar über meinem Kopfe hing, fällt. – Aus! – alles aus. *(Springt auf und tappt nach dem Gewehr.)* Ich vergaß es – O deine elende väterliche Vorsicht! *(Rennt mit dem Kopf gegen die Wand und sinkt auf den Boden.)* Also ein anderer – ein anderer – und vermutlich ein junger, schöner, liebenswürdiger, vollkommener – einer, den sie lang geliebt hat, weil sie so ernstlich auf meine Heilung bedacht war. – Desto schlimmer! – er wird ihr ganzes Herz fesseln, und was wird für mich übrig bleiben? nicht einmal Mitleid, nicht ein einziger armer verirrter Gedanke für mich – Ganz aus ihrem Andenken verschwunden, vernichtet – Daß ich mich nicht selbst vernichten kann! – *(Springt auf und will sich zum Fenster hinaus stürzen, Hamilton stürzt herein und hält ihn zurück.)*
LORD HAMILTON: Wohin, Wahnwitziger?
ROBERT *(ganz kalt):* Ich wollte sehen, was es für Wetter gäbe – Ich bin dein Herzensfreund, Hamilton; ich wollt, ich hätte deinen Sohn oder deine Tochter hier.
LORD HAMILTON: Was wolltest du mit ihnen?
ROBERT *(sehr gelassen):* Ich wollte deine Tochter heuraten. - Laß mich los!
LORD HAMILTON: Ihr sollt Euch zu Bette legen. Ihr seid in einem gefährlichen fiebrischen Zustand. Kommt, legt Euch!
ROBERT: Zu Bette? – Ja, mit deiner Tochter! – Laß mich los!
LORD HAMILTON: Zu Bette! oder ich werd Euch binden lassen.
ROBERT: Mich binden? *(Kehrt sich hastig um und faßt ihn an der Kehle.)* Schottischer Teufel!
LORD HAMILTON *(windt sich von ihm los und schiebt ihn aufs Bett):* He! Wer ist da! Bediente! Lord Hot!
ROBERT: Ihr seid der Stärkere. Gewalt geht vor Recht. *(Legt sich freiwillig nieder und fängt an zu rufen.)* Georg! Johann! Eduard! He, wer ist da! Kommt und fragt den Lord Hamilton, was er von euch haben will! *(Bediente kommen herein.)*
LORD HAMILTON: Ihr sollt mir den jungen Herrn hier bewachen. Seht zu, daß ihr ihn zum Einschlafen bringt – Ihr sollt mir Red und Antwort für ihn geben.
ROBERT: Hahaha! und bindt ihm nur die Hände, ich rat es euch, denn er hat einen kleinen Fehler hier *(sich auf die Stirn schlagend).*
LORD HAMILTON: Gebt Acht auf ihn; ihr sollt mir für alles stehen, ich sag's euch! und wenn er's zu arg macht, so ruft mich nur – und ich will den Junker an sein Bett schließen lassen.
(Robert sieht ihn wild an, ohne ein Wort zu sagen. Hamilton geht ab.)
ROBERT *(zu den Bedienten):* Nicht wahr, Williams, der Mensch ist nicht gescheut. Sagt mir aufrichtig, scheint er euch nicht ein wenig verrückt zu sein, der Lord Hamilton? Er bildt sich wohl ein, daß ich ein Kind oder ein Narr oder noch etwas Schlimmers bin, weil ich nicht *(sich ehrerbietig bückend)* Lord Hamilton sein kann.

WILLIAMS: Halten Sie sich ruhig, junger Herr.
ROBERT: Maulaffe! bist du auch angesteckt? – Komm du her, Peter, du bist mir immer lieber gewesen als der weise Esel da. Sagt mir doch, habt ihr nichts von Feierlichkeiten gehört, die in der Stadt angestellt werden sollen, von Illuminationen, Freudenfeuer? –
PETER: Wenn Sie doch könnten in Schlaf kommen, mein lieber junger Herr!
ROBERT: Immer dieselbe Leier; wenn ich nicht närrisch wäre, könntet ihr mich dazu machen. – Die Prinzessin von Carignan soll morgen Hochzeit halten, ob was dran ist? Habt ihr nichts gehört?
(Peter und Williams sehen sich mit verwunderungsvollen großen Augen an.)
ROBERT: Seid ihr denn stumm geworden, ihr Holzköpf? Ist's euch verboten, mir's zu sagen? Wer hat's euch verboten? Geschwind!
PETER: Lieber junger Herr, wenn Sie sich zudeckten und sähen in Schweiß zu kommen. *(Er will ihn anfassen, Robert stößt ihn von sich.)* Wenn Sie nur in Ruh kommen könnten, allerliebster junger Herr.
ROBERT: Daß dich Gott verdamm, mit deiner Ruh! – Setz dich! *(Er setzt sich aufs Bett, Robert faßt ihn an Kragen.)* Den Augenblick sag mir, Bestie, wie heißt der Gemahl der Prinzessin von Carignan?
WILLIAMS*: (kommt von der andern Seite, faßt ihn gewaltsam an und kehrt ihn um):* Will Er wohl ruhig sein, oder ich nehm Ihn augenblicklich und bind Ihn fest ans Bett.
(Robert schweigt ganz stille.)
PETER *(zu Williams)*: Gott und Herr! er phantasiert erschrecklich.
ROBERT *(nachdem er eine Weile stille gelegen)*: Gut, daß ich mit dir reden darf, mitleidige Wand. Es ist mir doch, als ob du dich gegen mich bewegtest, dich herab zu mir neigtest und stumm, aber gefühlig zu meiner Verzweiflung zittertest. Sieh, wie ich verraten daliege! alles, alles verrät mich – *(Zieht das Bild der Prinzessin aus seinem Busen und macht das Futteral auf.)* Auch dies. Auch diese schwarzen Augen, die keinen Menschen scheinen unglücklich sehen zu können, die Liebe und Wohltun wie die Gottheit selber sind. Sie hat alles das angestellt. – Sie will mich wahnwitzig haben – Sie heuraten! könnte sie das, wenn ihr Herz weich und menschlich wäre. Nein, sie ist grausamer als alle wilde Tiere, grausamer als ein Tyrann, grausamer als das Schicksal selbst, das Weinen und Beten nie verändern kann. Sie kann mich leiden sehen und muß an Hochzeitsfreuden denken – Und doch, wenn sie muß! wenn sie glücklicher dadurch wird – Ja, ich will gern leiden, will das Schlachtopfer ihres Glücks sein – Stirb, stirb, stirb, Robert! es war dein Schicksal, du mußt nicht darüber murren, sonst wirst du ausgelacht. *(Bleibt mit dem Bild ans Gesicht gedrückt eine Weile stumm auf seinem Kissen liegen.)*
(Tognina, eine Buhlerin, schön geputzt, tritt leise herein, Peter geht ihr auf den Zehen entgegen.)

PETER: Still, er schläft! – das ist ein Glück. Wir dachten schon, er sollt uns zum Fenster heraus springen. Die Hitze ist gar zu groß bei ihm.
TOGNINA: Laßt mich nur! ich werd ihn nicht wecken. Ich werd an seinem Bette warten, bis er aufwacht. *(Setzt sich ans Bett.)*
ROBERT *(kehrt sich hastig um)*: Wer ist da?
TOGNINA: Schöner junger Herr! werden Sie nicht böse, daß ich so ungebeten herein komme. Ich bin hieher gewiesen, ich bin eine arme Waise, die Vater und Mutter verloren hat und sich kümmerlich von ihrer Hände Arbeit nähren muß.
ROBERT: Das sieht man Euch nicht an.
TOGNINA: Alles, was ich mir verdiene, wend ich auf meine Kleidung. Ich denke, es steht einem jungen Mädchen nichts so übel an, als wenn sie das bißchen Schönheit, das ihr der Himmel gab, nicht einmal sucht an den Tag zu legen. Ich will nicht gefallen, gnädiger Herr. *(ihn zärtlich ansehend)* ich weiß wohl, daß ich nicht im Stande bin, Zärtlichkeit einzuflößen; aber zum wenigsten bin ich hochmütig genug, daß ich niemand durch meine Gestalt beleidigen mag.
ROBERT: Was wollt Ihr von mir?
TOGNINA *(etwas verwirrt)*: Von Ihnen? – was ich von Ihnen will? – das ist eine seltsame Frage, die ich Ihnen so geschwind nicht beantworten kann. ich höre, daß Sie krank sind, schöner junger Herr, Sie brauchen Pflege, Sie brauchen Aufwartung; Sie brauchen vielleicht auf die Nacht eine Wärterin.
ROBERT *(die Zähne knirschend)*: Wer hat Euch gesagt, daß ich krank sei?
TOGNINA: Niemand, gnädiger Herr – die Frau vom Hause hat es mir gesagt – und in der Tat, man sieht es Ihnen an. *(Seine Hand fassend.)* Dieser Puls will mir nicht gefallen. *(Streift ihm den Arm auf.)* Was für einen schönen weißen Arm Sie haben – und wie nervigt! dieser Arm könnte Herkules' Keule tragen.
ROBERT *(reißt sich los von ihr, richtet sich auf und sieht sie starr an)*: Wer seid Ihr?
TOGNINA: Ich bin – ich habe es Ihnen ja schon gesagt, wer ich bin.
ROBERT: Ihr seid eine Zauberin; aber *(auf sein Herz weisend)* hier ist Stein, Kieselstein. Wißt Ihr das?
TOGNINA: Das gesteh ich. – Haben Sie noch nie geliebt? – Ich muß Ihnen doch sagen, hier ward gestern eine neue Oper gegeben – Die Scythen, der der Sieg des Liebesgottes – Unvergleichlich, Mylord; gewiß – es war auch so ein junger Herr drinne wie Sie, der alles Frauenzimmer verachtete. Aber was meinen Sie wohl, womit die Liebesgöttin und die Amors ihn bekämpften? Raten Sie einmal, ich bitte Sie, was für fürchterliche Waffen sie seiner knotigten Keule entgegen setzten?
ROBERT: Vergiftete Blicke wie die Eurigen.

19

TOGNINA: Blumen, junger Herr, nichts als arme Blumen – *(Reißt sich eine Rose von der Brust und wirft ihn damit.)* Sehen Sie, so machten sie's – Spielend *(eine aus ihrem Haarputze)*, spielend *(wieder eine andere von ihrer Brust)*, spielend überwanden sie ihn. Hahaha, *(ihn an der Hand fassend)* ist das nicht lustig, mein kleines Herzchen?
ROBERT *(verstohlen die Zähne knirschend)*: O unbarmherziger Himmel! – Armida! – *(Tognina ans Kinn fassend.)* Ihr seid gefährlich, Kleine! voll Lüsternheit! voll Liebreiz! Laßt uns allein bleiben, ich habe Euch viel zu sagen. *(Sie winkt den Bedienten, die gehen heraus.)*
ROBERT *(zieht das Porträt aus dem Busen)*: Seht, hier hab ich ein Bild, das allein ist Euch im Wege. Wenn Ihr Meisterin von meinem Herzen werden wollt, gebt mir eine Schere, daß ich es von diesem Halse löse, an den ich es damals leider, ach, auf ewig knüpfte! Ich bin nicht im Stande, Euch in Euer zauberreiches Auge zu sehen, Eure weiche Hand gegen mein Herz zu drücken, Euren glühenden Lippen meinen zitternden Mund entgegen zu strecken, so lang dies Bild an meinem Halse hängt.
TOGNINA: Gleich, gnädiger Herr! *(Zieht eine Schere aus ihrem Etui und setzt sich aufs Bett, ihm das Bild abzulösen.)*
ROBERT *(reißt ihr die Schere aus der Hand und gibt sich einen Stich in die Gurgel)* : Grisette! hab ich dich endlich doch überlistet.
TOGNINA: Ich bin des Todes! Hülfe! – *(Läuft heraus.)*
ROBERT: Ist's denn so weit! – *(Breitet die Arme aus.)* Ich komme, ich komme! – Furchtbarstes aller Wesen! an dessen Dasein ich so lange zweifelte; das ich zu meinem Trost leugnete, ich fühle dich – du, der du meine Seele hieher gesetzt! du, der sie wieder in seine grausame Gewalt nimmt. Nur nicht verbiete mir, daß ich ihrer nicht mehr denken darf. Eine lange, furchtbare Ewigkeit ohne sie. Sieh, wenn ich gesündigt habe, ich will gern Straf und Marter dulden; Höllenqualen dulden, wie du sie mir auflegen magst; nur laß das Andenken an sie sie mir versüßen.
(Lord Hot, Lord Hamilton, Bedienten und Tognina kommen.)
LORD HOT: Ich unglücklicher Vater!
LORD HAMILTON: Er wird sich nur geritzt haben.
LORD HOT: Verbindt ihn; er verblutet sich. *(Reißt sich ein Schnupftuch aus den Tasche und sucht das Blut aufzuhalten.)* Kommt denn der Wundarzt noch nicht? So lauft denn jemand anderswo nach ihm! lauft alle miteinander nach ihm! – Das sind die Folgen deiner Politik, Hamilton.
LORD HAMILTON *(zu Tognina)*: Ihr wart rasend, daß Ihr ihm das Messer in die Hand gabt.
TOGNINA: Er tat so ruhig, gnädiger Herr.
LORD HOT: Mörder! Mörder! allezusammen! ihr habt mich um meinen Sohn gebracht.
LORD HAMILTON: Es kann unmöglich so gefährlich sein.
ROBERT *(im Wundfieber)*: Nein, Armida! nein! – so viel Augen haben

nach mir gefunkelt! so viel Busen nach mir sich ausgedehnt! ich hätte so viel Vergnügen haben können – nein, das ist nicht dankbar.
LORD HOT: Kommt denn der Wundarzt nicht?
ROBERT: Nein, das ist nicht artig – ich war jung, ich war schön! o schön! schön! ich war zum Fressen, sagten sie – Sie wurden rot, wenn sie mit mir sprachen, sie stotterten, sie stammelten, sie zitterten – nur eine, sagte ich, nur eine – und das mein Lohn!
LORD HOT: Geschwind lauft zu meinem Beichtvater! *(Bediente ab. Wundarzt kommt; nähert sich und untersucht die Wunde.)*
LORD HOT: Nun, wie ist's? ist Hoffnung da?
WUNDARZT *(blickt auf und sieht ihn eine Weile bedenklich an).*
LORD HOT *(fällt auf einen Stuhl)*: Aus!
WUNDARZT: Warum soll ich Ihnen mit vergeblicher Hoffnung schmeicheln? – die Luftröhre ist beschädigt.
LORD HOT *(legt die Hand vors Gesicht und weint).*
ROBERT: Nun – nun – nun – meine Armida! jetzt gilt es dir zu beweisen, wer unter uns beiden recht hat – jetzt – jetzt – Laß meinen Vater sagen! laß die ganze Welt sagen –
LORD HOT *(steht auf, zu Hamilton)*: Du hast mich um meinen Sohn gebracht, Hamilton – Dein waren alle diese Anschläge! – du sollst mir dran glauben, oder ich –
LORD HAMILTON: Besser ihn tot beweint, als ihn wahnwitzig herum geschleppt. *(Geht ab.)*
(Lord Hot zieht den Degen und will ihm nach. Sein Beichtvater, der herein tritt, hält ihn zurück.)
BEICHTVATER: Wohin, Lord Hot?
LORD HOT: Der Mörder meines Sohns –
BEICHTVATER: Kommen Sie! der Verlust tut Ihnen noch zu weh, als daß Sie gesund davon urteilen können.
LORD HOT: So helfen Sie uns wenigstens seine junge Seele retten. Es war sein Unglück, daß er in der Kindheit über gewisse Bücher kam, die ihm Zweifel an seiner Religion beibrachten. Aber er zweifelt nicht aus *Libertinage*, das kann ich Ihnen versichern. Reden Sie ihm zu, Mann Gottes, da er am Rande der Ewigkeit steht.
BEICHTVATER *(tritt näher und setzt sich auf sein Bett)*: Lord Robert, ich weiß nicht, ob Sie mich noch verstehen, aber ich hoffe zu Gott, der Sie erschaffen hat, er wird wenigstens einige meiner Worte den Weg zu Ihrem Herzen finden lassen, wenn Ihr Verstand sie gleich nicht mehr fassen kann. Bedenken Sie, wenn Sie noch Kräfte übrig haben, welchem entscheidenden Augenblick Sie nahe sind, und wenden Sie die letzte dieser Kräfte an, das, was ich ihnen sage, zu beherzigen.
ROBERT *(nimmt das Bild hervor und küßt es)*: Daß ich das hier lassen muß.

BEICHTVATER: Sie gehen in die Ewigkeit über! Lord Robert, Lord Robert, machen Sie Ihr Herz los von allem Irdischen. Sie sind jung, Sie sind liebenswürdig, Sie haben Ihrem Vaterlande die reizendste Hoffnungen vernichtet; aber Ihr Herz ist noch das Ihre; wenden Sie das von den Geschöpfen, an denen Sie sehr hingen, zu dem Schöpfer, den Sie beleidiget haben, der Ihnen verzeihen will, der Sie noch liebt, wenn Sie ihm das Herz wieder ganz weihen, das Sie ihm entrissen haben.
ROBERT *(kehrt sich auf die andere Seite).*
BEICHTVATER: Unglücklicher! Sie wollen nicht? Bedenken Sie, wo Sie stehen, und vor wem. – Wollen Sie mir die Hand drauf reichen, daß Sie sich seinem Willen unterwerfen wollen – noch ist es Zeit – Sie bewegen die Lippen. – Sie wollten mir etwas sagen.
ROBERT *(kehrt sich um, der Beichtvater hält ihm das Ohr hin, er flüstert ihm unvernehmlich zu).*
BEICHTVATER: Unter Bedingungen! – Bedenken Sie, was Sie verlangen – Bedingungen mit Ihrem Schöpfer? *(Robert hält ihm die Hand, er reicht ihm das Ohr noch einmal hin.)* – Daß er Ihnen erlaube, Armiden nicht zu vergessen – O lieber Lord Robert! in den letzten Augenblicken! – Bedenken Sie, daß der Himmel Güter hat, die Ihnen noch unbekannt sind; Güter, die die irdischen so weit übertreffen, als die Sonne das Licht der Kerzen übertrifft. Wollten Sie denen entsagen, um einen Gegenstand, den Sie nicht mehr besitzen können, zu Ihrer Marter auf ewig im Gedächtnis zu behalten?
ROBERT *(hebt das Bild in die Höhe und drückt es ans Gesicht, mit äußerster Anstrengung halb röchelnd)*: Armida! Armida. – Behaltet euren Himmel für euch. *(Er stirbt.)*

DER TUGENDHAFTE TAUGENICHTS

(1775/76)

PERSONEN

Der Vater (LEYBOLD/LEYPOLD, GRAF HODITZ)
Der ältere Sohn (DAVID)
Der jüngere Sohn (JUST)
JOHANN, Bedienter, Vertrauter Davids
SCHLANKARD, Virtuose
BRIGHELLA, Virtuose
Ein Postmeister
Sängerinnen, Werber, Soldaten, Bauern

Nur in der zweiten Fassung:

GRAF MARTENS
BARON LÖWENSTEIN

Schauplatz in Schlesien

ERSTE BEARBEITUNG

ERSTER AKT

Erste Szene

David und Just sitzen an einem Tisch mit Büchern vor sich. Leybold tritt herein im Schlafrock.

LEYBOLD *(scherzend)*: Nun, seid ihr fleißig – brav so! Hast du ihn heraus gebracht, Just, den Magister Matheseos? Den David will ich nicht fragen, da weiß ich ich schon was ich für Bescheid erhalte.
JUST *(weist sein Blatt sehr munter)*: Hier, gnädiger Vater.
LEYBOLD *(geht durch)*: Weil x + y gleich a + b — recht, recht! ich seh schon, ich seh schon – sollst eine goldne Uhr haben. Der Erfinder hat tausend Ochsen geopfert, als er's zum erstenmal herausbrachte, das wollt zu den damaligen Zeiten viel sagen. Und du, Herr David, wirst wohl dich selber opfern müssen, wenn du's herausbringst, nicht? weis mir doch dein Blatt her.
DAVID: Gnädigster Vater –
LEYBOLD: Na was? – Wirst's doch versucht haben, Träumer? ich will nicht hoffen –
DAVID: Ich habe das Blatt verlegt –
LEYBOLD *(hitzig)* : Verlegt?
DAVID: Ich dachte, weil Just es schon gemacht hat –
LEYBOLD: So hättest du's nicht nötig – Einfältiger Hund! Soll Just für dich lernen? Und was wird denn mit dir?
DAVID: Papa, ich kann's nicht begreifen, ich kann's ohnmöglich begreifen. Ich will ja schon andere Sachen lernen, die nicht so den Kopf zerbrechen.
LEYBOLD: Andere Sachen – und was für andere Sachen weißt du denn? so sage mir, so erzähle mir was davon.
DAVID: Ich weiß, daß der, der es erfunden hat, auf sein Grab hat die Zahlen 1 2 3 schreiben lassen –
LEYBOLD: Einfältiger Hund, 3 4 5 war es! Was hilft dir dein Wissen nun, wenn du den geheimen Sinn dieser Zahlen nicht begreifst? 3! 4! 5! Bursche, und warum 3 4 5?
DAVID: Weil – weil – ich weiß nicht Papa.
LEYBOLD: Also du weißt nur, daß er sich hat begraben lassen. So klug

ist der Bauerbube auch – *(Stößt ihn verächtlich weg.)* Geh – geh in den Wald und hack Holz, Bursch, ein Holzhacker hat dich gemacht, nicht ich, du stumpfe Seele. Ich werde noch grau vor der Zeit über dir. Wenn es nur was ist, wenn es nur soviel ist, daß eine Mücke drauf stehen kann. Wohin geht deine vorzügliche Neigung, sag mir das. Ich will dich ja nicht zwingen, Mensch, ich will ja nicht grausam oder hart gegen dich sein, nur etwas muß ich doch aus dir machen, oder ich werf dich zum Hause naus und du sollst nie meinen Namen tragen, verstehst du mich? Sieh deinen Bruder an, sieh wie er dich in allen Stücken übertrifft. Es ist kein Kaiser in der Geschichte, von dem er mir nicht Namen und Jahrzahl weiß. Könnt ihr sagen, daß es euch an Aufmunterung fehlt? Hab ich euch nicht für tausend Dukaten noch voriges Jahr allein Preise für eure Studien gekauft? sie hängen da, du siehst sie alle Tage, und die Lust kommt dir nicht einmal an, dir einmal einen zu verdienen. Habe ich nicht alles, was die Sinne ergötzen kann, für euch zu Hauf gebracht? Sängerinnen, Musikanten, Komödianten, alles alles! Was kann ein Vater mehr tun, und ihr wollt ihm nicht vor seinem Alter die wenige Freude machen an seinen Söhnen Ehre zu erleben. *(Er weint)* Wenn euch nichts bewegen kann, seht diese grauen Haare, Unholde. Die Sorgen für euch haben sie grau gemacht.
JUST *(faßt seine Hand mit Ungestüm und drückt sie an die Lippen)* : Ach, mein Vater!
DAVID *(steht von fern, unbeweglich die Augen an den Boden geheftet).*
LEYBOLD: Komm Just, komm deinen Preis einzuholen, kränke und quäle ihn mit der Uhr, bis der Nichtswürdige sich schämen lernt. Ha, keinen Funken Ehre im Leibe zu haben. *(Führt Just ab.)*
DAVID *(geht auf und ab)*: Holzhacker – – ja Holzhacker war meine Bestimmung – Das Schicksal meint's gut mit meinem Bruder – ich will ihn auch nicht verdunkeln, ihm nicht zuvorkommen. Sein Verstand ist viel fähiger, sein Herz viel besser als meins. *(Tritt vor einem Spiegel.)* Und sein Äußerliches – Warum soll ich ihm auch noch die Güter entziehn, da ich der Älteste bin? ich verdiene sie nicht – Aber Brighella – o Brighella! wenn du mich nicht liebst – was ladest du auf dich.
(Johann ein Bedienter tritt herein)
JOHANN: Wie, so allein, junger Herr? gehen Sie denn nicht auch herüber, an den Festivitäten Anteil zu nehmen.
DAVID: An was für Festivitäten?
JOHANN: Die Ihrem Herrn Bruder zu Ehren angestellt werden. Es wird ein großes Konzert gegeben und Mlle. Brighella und der junge Musikus Schlankard ist auch dabei.
DAVID: Brighella singt – was ist das für ein Schlankard.
JOHANN: Den Ihr Herr Vater hat reisen lassen, erinnern Sie sich nicht mehr, der junge schöne große Mensch mit dem Weibergesicht und den langen schwarzen Haaren.

DAVID: Den er nach Italien reisen ließ?
JOHANN: Eben der – o nun sollten Sie ihn hören. Das ist ein Strich, das ist ein Strich, sag ich Ihnen doch, er spielt, daß man meinen sollte, man ist verzuckt, und wenn sie dazu singt!
DAVID: Sind Fremde da?
JOHANN: O ja, eben ist die Frau Landdrostin angekommen mit ihren beiden Töchtern, sie fragte nach Ihnen, Ihr Vater sagte Sie wären krank.
DAVID *(setzt sich auf den Stuhl)*: Brighella! Brighella – Wie ist Brighella geputzt heut?
JOHANN: Weiß, junger Herr, ganz weiß, eine rote Rose vor der Brust – sie sieht aus wie die Unschuld selber.
DAVID *(schlägt ein Buch auf, liest, schlägt es wieder zu und ein anderes auf)*: Hörte Brighella als mein Vater sagte, daß ich krank seie?
JOHANN: Nein, sie sprach eben mit Schlankard.
DAVID *(steht auf)*: John – *(noch einmal herumgehend)* John, wenn du mir einen Gefallen tun wolltest –
JOHANN: Was steht zu Diensten, gnädiger Herr.
DAVID: John – es ist doch sehr voll im Konzertsaal.
JOHANN: Gepfropft voll – der Herr Landmarschall ist auch gekommen mit einigen Fremden und vielen Bedienten.
DAVID: Könntest du mir – nein, wenn mein Vater es merkte, ich wäre des Todes.
JOHANN: Was denn? so sagen Sie doch –
DAVID: Könntest du mir auf einen Augenblick deine Livree –
JOHANN: Anzuziehen geben?
DAVID: Ich will dir sagen, ich möchte das Konzert gerne anhören, und doch möcht ich meinem Vater den Verdruß nicht machen, ihn durch meine Gegenwart Lügen zu strafen.
JOHANN *(sich ausziehend)*: Ei freilich, von ganzem Herzen. Ich weiß auch nicht was er drunter hat, daß Sie nicht dabei sein sollen – nur aber, wenn er Sie erkennte – hören Sie, halten Sie sich immer an der Tür nahe beim Orchester, dort ist eine große Menge Menschen und der Kronleuchter an der Tür brennt nicht. Sie müssen aber wohl Acht geben, daß Sie sich mit dem Gesicht immer gegen die Wand kehren.
DAVID: Laß mich nur machen, es sei gewagt! *(Zieht die Livree an.)* Ich muß Brighella singen hören und sollt ich des Todes sein. *(Geht hinaus.)*
JOHANN: Und ich will mich solang aufs Bett legen, wenn Sie mir erlauben wollen. Ich habe die vorige Nacht noch nicht recht ausgeschlafen. *(Geht in den Alkoven.)*

Zweite Szene

Der Konzertsaal

Eine große Menge Menschen vor dem Orchester, das so gerichtet ist, daß das Ende davon bis an den Rand der Szene geht; der alte Baron sitzt mit Justen, der einen großen Blumenstrauß an der Brust hat und alle Augenblicke nach einer Uhr sieht, unter vielen Damen, von denen manche von Zeit zu Zeit mit Justen sprechen. Schlankard spielt Solo, hernach akkompagniert er Brighella, die eine italienische Arie singt:

Ah non lasciarmi no
Bel idol mio!

David in Johanns Livrei steht ganz vorn am Theater in einem Winkel, das Gesicht gegen die Wand gekehrt, und nimmt sich von Zeit zu Zeit eine Träne aus den Augen. Als die Arie zu Ende ist klatscht Leybold.
LEYBOLD: *Tudieu! bravo! – bravissimo, bravissimo!* Herr Schlankard, mich reut's nicht, daß ich Sie habe reisen lassen. Sie haben Ihre Zeit vortrefflich angewandt. Nicht wahr, meine Damen? Und Sie, Brighella haben's heut auch nicht schlecht gemacht. Vortrefflich! Vortrefflich; *(Singt nach durch die Fistel.) Ahi non lasciarmi, no! (jedermann lacht) se tu m'inganni* – das *tu* – hu hu! – das hat mich gerührt, Gott weiß! ich hab's in Neapel nicht besser gehört.
BRIGHELLA: Herr Schlankards Akkompagnement hat vieles beigetragen.
DAVID *(vor sich)*: Welche wunderbare und verborgene Wege der Himmel bei Austeilung der Talente geht. Dieser junge Mensch, der jetzt die ganze Gesellschaft an dem Haar seines Fiedelbogens wie ein Zauberer herumführt und den Himmel in die Herzen aller Weiber geigt, war ein schläfriger unbeholfner Bursch als ich. Seine Dreistigkeit allein und sein schönes Gesicht haben ihm Weg gemacht – Mir aber, dem dieses alles versagt ist –
SCHLANKARD *(zu Brighella)*: O Mademoiselle, wenn Sie Ihre Stimme nicht mit den süssesten Tönen der Musik vereinigt hätten! ich würde der Gesellschaft nie das Herz mitten im Schlagen haben stillstehen machen, wie Sie taten. Wissen Sie, daß mir Tränen auf meine Geige gefallen sind und mir bald das Spiel verdarben?
LEYBOLD *(den Kopf schüttelnd)*: Nu ba ba! sagt euch eure Galanterien ein andermal. *(Scherzend.)* Schmeichelei, Schmeichelei! Fuchsschwanz! Wollt ihr euch beide verderben, ist's euch nicht gut genug, daß wir euch loben. *(Etwas beiseite zu den Damen.)* Einfältige Hunde, daß die Virtuosen doch immer sich kratzen müssen.

EINE VON DEN DAMEN: Gnädiger Herr, das ist sehr natürlich.
LEYBOLD: Natürlich oder nicht, es taugt nit – es verderbt sie.
JUST: Aber gnädigster Vater, der Beifall eines Virtuosen muß dem andern immer viel angenehmer sein als der Beifall eines andern, weil der am besten im Stande ist von dem Wert des andern zu urteilen.
LEYBOLD: Hast du was gesagt – *(Zu dem Orchester.)* Nu, da komplimentieren sie sich noch. Blitz Wetter! laßt uns nicht zu lange warten.
DAVID: Wie begierig ihr Blick den seinigen auffängt. Sie glaubt Beifall, Bewunderung, Unsterblichkeit von ihm einzusaugen – Was es doch macht, wenn man ein schönes Gesicht hat – ach! sie sieht nicht von ihm, die ganze Gesellschaft verschwindt aus ihren Augen, er steht allein vor ihr – ich kann es nicht länger aushalten. *(Verschwindt.)*

ZWEITER AKT

Erste Szene

Nebel und Regen. Ein nacktes Feld in der Morgenstunde

DAVID *(in der Livree)*: Ja, ich will fortlaufen, ich will meiner unglücklichen Bestimmung entgegen gehn. Sie liebt ihn, es ist nur zu gewiß. Was sollte sie auch nicht. Ich würde ihn auch lieben, wenn ich ein Mädchen wäre. Wohin laufen? was anfangen? ich bin wohl schlimmer dran als jene Krähe da, die so jämmerlich auf dem wüsten Felde nach Futter krächzt – Dort seh ich Soldaten kommen. Es sind preußische Werber. Wie wenn ich – ha, so kommt mein Leben doch wem zu paß. Ich will streiten und fechten, daß Brighella lieben und karessieren kann. Sie wird vielleicht von meinem Tode hören und über mich nachdenken und weinen. Oder ich kann durch meine Bravour im Kriege mich hervortun, daß sie doch einigen Reiz an mir findet und mein Vater mir auch verzeiht – *Geht den Werbern entgegen.)* Guten Tag, meine Herren.
EIN WERBER: Guten Tag. Wer seid Ihr?
DAVID: Ich wollte mich gern in Kriegsdienste geben.
WERBER: Ihr sollt uns willkommen sein. Aber wer seid Ihr?
DAVID: Ich bin ein Edelmann.
WERBER: Ein Edelmann – Ihr macht uns lachen.
DAVID: Ein Bedienter meines Vaters wollte ich sagen.
WERBER: Ein Bedienter Eures Vaters? das ist noch ärger.
DAVID: Nein, ich verredte mich. Ein Bedienter bin ich und weiter nichts.

Ich wäre gern in Kriegsdiensten. Besonders in den preußischen.
WERBER: Nun dazu wollen wir Euch bald verhelfen, Ihr sollt diese Livree mit einer bessern tauschen. Ihr habt doch das Maß und seid nicht buckligt, krumm, schief oder lahm, wart wir wolln einmal sehen. *(Besichtigt ihn, dann zieht er ein Maß heraus.)* Drei Zoll, nu das geht schon mit. Wir haben dem König einen guten Bursche gebracht. Kommt, Ihr sollt auch dafür mit uns zechen. Nur gutes Muts! es soll Euch bei uns an nichts abgehn, das glaubt mir nur. Wir wollen in das nächste Dorf in den Schwan gehen, da will ich Euch Euer Handgeld auszahlen.
DAVID: Aber macht, daß wir nur bald weiter kommen. Mein Vater könnte mich sonst hier suchen lassen.
WERBER: Euer Vater – Wer ist denn Euer Vater?
DAVID: Er ist – Amtmann bei der gnädigen Herrschaft von Ingolsheim. Er ist sehr hastig.

Zweite Szene

Des alten Leybolds Schlafzimmer

Just, der mit ihm dejeuniert hat, im Schlafrock an einem kleinen Teetisch, der vor Leybolds Bett steht.

JUST: Wenn ich Ihnen die Wahrheit sagen soll, Papa! wissen Sie, worin, wie ich glaube, die ganze Ursache von der Verstimmung meines Bruders liegt?
LEYBOLD: Nun denn?
JUST: Ich weiß nicht – *(sich die Stirne reibend)* ich möchte mir nicht gern das Ansehen eines Verleumders geben, indessen – wenn dies das Mittel ihn zu bessern –
LEYBOLD: Was zu bessern, was ist's?
JUST: Kurz heraus, Papa! er ist verliebt –
LEYBOLD: Verliebt? Daß dich Blitz Wetter – heraus damit, in wen ist er verliebt?
JUST: Ich weiß es nicht, Papa – es sind freilich nur Mutmaßungen – er hat mich nie zu seinem Vertrauten eben gemacht.
LEYBOLD: Heraus damit – Einfältiger Hund, was sind das für Umschweife?
JUST: Brighella – wie ich glaube.
LEYBOLD: Brighella *(mit dem Finger vor sich hindeutend, sehr lebhaft)* hast du nicht – Brighella! Und was will er mit Brighella.

JUST: Was er mit ihr will – das weiß ich nicht – sie heuraten vermutlich.
LEYBOLD: Sie heuraten – Blitz Wetter! der Junge hat noch keinen Gänsebart und schon ans Heuraten — *(Springt aus dem Bett und zieht an der Schelle.)* Brighella! Brighella! laßt sie augenblicks herkommen — *zum Bedienten, ruft ihm nach)* der Schlankard auch – der Schlankard auch –
JUST: Es hätte nichts zu sagen, bester Vater, wenn nur nicht – Sie sehn wohl, er bekommt das Gut, und wenn er Ihren Namen und Vermögen auf die Kinder einer Sängerin erbte –
LEYBOLD: Nee – da kann nun schon nichts von werden – Es ist gut, daß du mir gesagt hast, Just – *(Steigt wieder ins Bett.)* Da kann schon nichts von werden — Ich will sie des Augenblicks zusammengeben.
JUST *(erschrocken)*: Wen?
LEYBOLD: Den Schlankard und die Brighella. Ich habe schon lange gesehn, daß sich die beiden Leute lieb haben und sich's vielleicht nicht sagen durften –
JUST: Ach gnädiger Herr, wenn Sie das tun wollten – ich habe einen Einfall, der sich vielleicht nicht ausführen läßt –
LEYBOLD: Nun, nun, geschwind – was zauderst du – laß hören deinen Einfall. Blitz Wetter! mach mir nicht lange Weile, einfältiger Hund.
JUST: Wenn Sie – sie in meines Bruders Zimmer zusammengeben könnten – Er liegt glaube ich noch im Bette – er ist diesen Morgen nach seiner gewöhnlichen Weise noch nicht aufgestanden gewesen, als ich aus dem Zimmer ging – und der Verdruß, daß er gestern abend nicht mit beim Konzert hat sein können –
LEYBOLD: Ach was wird der Holzkopf sich darüber Verdruß – Aber du hast recht, du hast recht! das ist noch das einzige Mittel sein schläfriges Gefühl wieder aufzuwecken. Man muß ihn anfassen, wo es ihm wehe tut.
JUST: Freilich scheint er für alles schon unempfindlich geworden zu sein.
LEYBOLD: Gott hat mir dem Jungen gegeben, um mich zum Narren zu haben. Gott verzeih mir meine schwere Sünde. Ich kann nicht aus ihm klug werden, sag ich dir. Andere Menschen haben auch Kinder, aber so eine Nachtmütze. Komm herüber, komm herüber – *(Zum Bedienten.)* Sagt den beiden, sie sollen auf die Schulstube kommen, versteht Ihr –
JUST: Er wird eben nicht auf die beste Art geweckt werden, der arme David!

Dritte Szene

Die Schulstube

JOHANN *(der die Gardinen vor dem Alkoven wegzieht, streckt sich und gähnt)*: Was ist das? Ich glaube ich habe lang geschlafen – es kommt mir vor als – ist das schon Morgen? *(Indem tritt Leybold herein, er zieht schnell die Gardinen wieder vor.)*
LEYBOLD *(der dies gewahr geworden, leise aber doch ziemlich vernehmlich zu Justen)*: Merkst du was? *(Lacht heimlich; laut.)* Wobleiben sie denn? Eine Nachricht wie die sollte ihnen doch Füße machen.
JUST *(heimlich zu Leybolden)*: Er horcht vermutlich. – ich weiß doch nicht wo sie so lang bleiben. Es ahndet ihnen vielleicht nichts Guts.
LEYBOLD *(setzt sich)*: Ich will sie doch ein wenig ängstigen zum Willkommen.
(Schlankard und Brighella kommen.)
LEYBOLD: Seid ihr da – Kommt näher, Lumpengesindel! – Du weißt, daß ich keine Frau habe, Schlankard!
SCHLANKARD: Weh mir! was werd ich hören.
LEYBOLD: Kommt näher – *(Schreit.)* Schlankard! Ihr seid ein Bube – Kommt näher, hört, gebt mir Red und Antwort. Ihr wißt, ich bin ein alter Mann. ich habe so meine eigene Grillen, weswegen ich in Stadt und Land bekannt bin. Meinen Kindern eine gute Erziehung zu geben, versamle ich alle Vergnügungen weit und breit um sie her, damit sie nicht nötig haben, sich andere schädlichere Vergnügungen aufzusuchen. Ich lehre sie zugleich an meinem Beispiel, vergessene Talente aus dem Staube zu ziehn und die Künste mit ihrem ganzen Vermögen befördern und belohnen. Das ist doch Verdienst, nicht wahr? wenn Ihr ein Wildfremder wärt, Ihr müßtet mich hochschätzen.
SCHLANKARD: Ganz gewiß, gnädiger Herr!
LEYBOLD *(Schreit)*: Nun Ihr – Ihr – wartet wartet – Könnt Ihr mir leugnen, daß ich alles an Euch getan, daß ich wie ein Vater gegen Euch gehandelt? hab ich Euch nicht nach Italien reisen lassen, weil ich merkte daß Ihr die Musik liebtet, habe ich Euch nicht zehn Jahre drinnen bleiben lassen und mit Geld und Ansehen unterstützt, hab ich Euch nicht sogar meinen Namen und Titel gegeben, damit Ihr desto bessere Gelegenheit haben könntet alles zu sehn und zu hören, könnt Ihr's leugnen?
SCHLANKARD: Gnädiger Herr, wenn ich's jemals leugnete – oder nicht feurig, nicht dankbar genug erkennte und bekennte, so wünschte ich, daß die Erde sich unter mir auftäte –
LEYBOLD: Warte warte, einfältiger Hund! Wir sind noch nicht am Ende – Ist das, Blitz Wetter! artig gegen einen Wohltäter gehandelt, wenn man weiß, er der keine Frau hat und sein Herz nirgends aufzuhän-

gen weiß, weidet sich an dem schönen Gesicht, an den Reizungen, an der Stimme einer seiner Sängerinnen, deren Dankbarkeit er bisher immer für Liebe gehalten hat –
BRIGHELLA *(fällt ihm zu Fuß)*: Gnädiger Herr –
LEYBOLD: Ba ba ba – Wer hat mit Ihr geredt, Dulcinea.
SCHLANKARD *(fällt ihm gleichfalls zu Fuß)*: Gnädiger Herr –
LEYBOLD *(ihm stark auf den Kopf schlagend)*: Ihr seid verliebt junger Bursche! verliebt – Hab ich Euch dazu reisen lassen? mir das mit Euren Talenten und Schmeicheleien zu stehlen, abwendig zu machen, was ich solange Jahre für mich gepflegt und groß gezogen habe. Ihr seid ein Flegel – Aber steht auf und gebt ihr die Hand, sie ist Euer Weib, und damit Ihr nicht Ursach zu schalusieren habt, morgen sollt ihr von meinem Landgut fort und ich will euch noch zehntausend Gulden an Hals schmeißen, eure Wirtschaft damit einzurichten, denn wenn ich über den Hund komme, komm ich auch über den Schwanz.
SCHLANKARD *(seine Füße umarmend, Brighella von der andern Seite)*: O gnädiger Herr, lassen Sie unsere Tränen für uns sprechen.
a ba ba! Tränen – Was gibt's, steht euch das Anerbieten auch nicht an? Nun gut, so könnt ihr bei mir bleiben, bis es euch bei mir nicht mehr ansteht. Wenn Euch aber etwa die Eifersucht plagen sollte, Schlankard so seid Ihr Herr und Meister zu tun was ihr wollt.
len Sterblichen!
LEYPOLD: Aber – Blitz Wetter! ich habe vergessen zu fragen, ob ihr euch auch haben wollt. Ich hab's bisher nur aus euren Blicken geschlossen. Mögt Ihr den Burschen, Jungfer Brighella? Ihr seid doch gestern so empfindsam gegen sein Lob gewesen.
BRIGHELLA: Ich muß gestehen, gnädiger Herr, daß mir's eine der größesten Empfindungen meines Lebens war, wenn Ihr aller Beifall mir mitten unterm Singen als ein Ungewitter hier, da, dort klatschend auszubrechen anfing, bis endlich der einstimmige große Schlag erfolgte, der mich für Entzücken außer mich setzte – Aber mit alle dem – ein Wort von Schlankarden –
LEYBOLD: War dir lieber! – o du Schelm du! so eifersüchtig ich auf ihn bin, ich muß dich für das Geständnis umarmen, denn es ist ehrlich – mein Lebtag! ehrlich, ehrlich. *(Umarmt und küßt sie.)* Da hast du den letzten Beweis meiner Passion für dich, und hiermit tret ich dich deinem Liebsten ab – Aber – warte, warte, Blitz Wetter! es ist noch einer da, der Ansprüche auf dich macht und vom du dich nicht so geschwind wirst loskaufen können. *(Nimmt sie komisch an der Hand und führt sie ans Bette, schreit aus allen Kräften.)* Junker David! ich hab Euch nun das Exempel einer Aufopferung gegeben *(zieht die Gardinen weg, John hat sich gegen die Wand gekehrt)* wie sie einem Edelmann ziemt. Auf also und tue des gleichen, es ist hier die Frage, zwei Leute glücklich zu machen, die einander

von Herzen lieb haben und die einander vorher bestimmt sind. Du weißt was ich von den Vorherbestimmungen halte – Nun, einfältiger Hund, was liegst du da, kehr dich um und sag ja oder nein, ich will dich eben so wenig unglücklich machen als diese beiden Leute, nur will ich dich vernünftig zugleich haben. Blitz Wetter! sag ja oder nein. *(Faßt John beim Arm und kehrt ihn um.)* Was ist das –
JOHANN: Gnädiger Herr! um Gotteswillen, ich weiß nicht wie ich in dies Bett gekommen bin.
LEYBOLD: Mein Lebtag – gleich, Kanaille, gesteh mir alles, wo ist der junge Herr? hab ich das mein Lebtag gehört, der Bediente in des Herrn Bett die Nacht geschlafen — Ich will dich – vierteln und rädern lassen, du infamer Nichtswürdiger!
JOHANN: Lassen Sie mich hängen, gnädiger herr! so komme ich am kürzesten ab. Ich verlange nichts Bessers.
LEYBOLD: Daß dich das Wetter! *cospettone baccone* – Ha ha ha – macht mich der Lumpenhund doch zu lachen – Wo ist der junge Herr, ich will es wissen, wo ist der junge Herr?
JOHANN: Ich weiß es nicht –
LEYBOLD: Du weißt es nicht – Georg! laßt mir sogleich den Stabhalter kommen mit zwei handfesten Kerls – ich will dir das Morgenbrod in deines Herrn Bette geben.
JOHANN: Gnädiger Herr, jagen Sie mich lieber aus dem Hause.
LEYBOLD: Das sollst du mir nicht zweimal gesagt haben – den Augenblick packe dich – ich will solche lüderliche Bestie keine Minute länger im Hause leiden, der mir meine Kinder verderbt – Aber vors erste sollst du mir sagen, wo Junker David ist.
JOHANN: So wahr ich ein Kind Gottes bin, ich weiß es nicht. Er hat mich gestern gebeten ihm meine Livree anzuziehen zu geben, damit er dem Konzert zuhören könnte, weil Sie gesagt haben, er wäre krank und er Sie doch nicht Lügen strafen wollte – und weil ich mich nicht recht wohl befand, legte ich mich derweile schlafen – und weiß sowahr Gott lebt nicht ob's Abend oder Morgen jetzund ist.
LEYBOLD *Cospetto!* Du sollst mir für deine Faulheit bezahlen – laßt den Stabhalter kommen, bald – Oder wie? – gleich steh auf, Lumpengesindel! und geh und such mir den Junker auf. Du mußt seine geheimen Gänge kennen und wo er die Nächte zubringen kann, wenn er nicht zu Hause kommt, und bringst du ihn mir nicht wieder, so zieh ich dir das Fell über die Ohren. Es soll ihm alles verziehen sein, sag ihm, nur er soll wieder kommen – und sag ihm nichts von dem was hier vorgegangen ist, einfältiger Hund! verstehst du mich – aber er soll wiederkommen — Hab ich das mein Lebtag gehört, Bediente in des Herrn Bett die Nacht schlafen. *O stellae! stellae!* was hat über mich geherrscht, als ich den Jungen auf die Welt setzte. Kommt! Wir wollen dem nichtswürdigen Kerl die Zeit lassen

in die Hosen zu kommen. *(Zieht die Vorhänge wieder zu und geht ab mit Schlankard und Brighella. Just folgt ihm.)*

DRITTER AKT

Erste Szene

Wirtshaus in einem Dorf

An verschiedenen Bänken sitzen Soldaten, Bauren und Gesindel und trinken. David in einem Winkel, die Hand unter den Kopf gestützt, noch immer in der Livrei. John tritt herein, etwas frostig, in seines Herrn Kleidern, späht überall herum, endlich wird er seinen Herrn gewahr und eilt auf ihn zu.

JOHANN: Ach gnädiger Herr! wo muß ich Sie antreffen.
DAVID *(sieht erschrocken auf)*: John, bist du es? *(Einige von den Gästen merken auf.)* Wir werden hier beobachtet, laß uns bei seits gehn. *(Gehen vorwärts.)*
EIN BAUER: Ein schnackischer Kerl das, er war in Gold und Silber und sagte gnädiger Herr! zu seinem Lakaien.
EIN ZWEITER: Weißt du denn nicht, Narr, daß Fastnacht ist, da machen sie mit Fleiß bisweilen solche Maskereien.
DAVID *(zu John)*: Freilich, lieber John, ist das der Ort nicht, wo du mich antreffen solltest. Auf dem Felde der Ehren, so wenn die Kugeln so um den Kopf pfeifen, entweder tot oder General –
JOHANN: General, freilich – Haben Sie sich denn wirklich anwerben lassen. Wenn das ist, so nehme ich den Augenblick auch Kriegsdienste und komme nie von Ihrer Seite. Ich will leben und sterben mit Ihnen, gnädiger Herr.
DAVID: Guter John, hast du denn auch schon getrunken – *(greift in die Tasche)* wie wohl ich habe selbst nichts – und du mußt meinen Beutel in meiner Westentasche haben; die Werber sind eben fortgegangen, sie haben mir noch das Handgeld nicht ausgezahlt.
JOHANN: Aber gnädiger Herr, in aller Welt schämen Sie sich doch. Sie werden sich doch nicht als gemeiner Soldat anwerben lassen. Sobald Sie Ihren Namen sagen, sind Sie Fähndrich oder Lieutenant zum wenigsten.

DAVID: Nein Johann, das geht nicht an. Sobald ich meinen Namen sage, erfuhre es mein Vater, und meinst du, daß er nicht alles in der Welt anwenden würde, mich wieder loszukaufen? Du weißt welche Abneigung er wider die Kriegsdienste hat und wie oft er uns seine lebenslängliche Ungnade angekündigt hat, wenn sich einer von uns jemals einfallen ließe, nur an den Soldatenstand zu denken. Ich will aber trotz seiner Ungnade mich seiner Gnade würdig machen, und denn laß sehen, ob er sie mir noch entziehen kann. Ein Mensch der nicht von unten auf gedient hat, Johann, kann es nie weit bringen, ich habe dem nachgedacht, ein großer Feldherr muß immer auch eine Zeitlang Soldat gewesen sein, damit er von allem Kenntnis hat.

JOHANN: O wenn aus Ihnen nichts wird, so wird aus niemand was. Ich habe es immer gesagt, Gott weiß am besten was in unserm ältesten jungen Herr verborgen liegt. Er ist so still, aber stille Wasser gründen tief, und ich weiß wohl, daß Sie unter Ihrem Bett Risse von Festungen liegen hatten, die Sie Ihrem Herrn Vater nie gewiesen haben. Sie stellten sich immer so dumm gegen ihn, damit er Sie an Ihrem Vorhaben nicht hindern sollte. O wenn aus Ihnen kein Generalfeldmarschall wird, so will ich nicht John heißen – Aber eine böse Zeitung muß ich Ihnen bringen, Sie sollen nach Hause zurück oder Ihr Herr Vater zieht mir das Fell über die Ohren.

DAVID *(erschrocken)*: Weiß denn mein Vater, wo ich bin?

JOHANN: Den Teuker weiß er, sonst würde er mich nicht geschickt haben. Er meint Sie haben die Nacht wo bei einem Mädchen im Dorf zugebracht, und Sie wissen wie er auf den Punkt ist. Er weiß wohl wie's ihm geschmeckt hat, daß Ihr Herr Großvater ihm in dem Stück alle Freiheit ließ. Aber Sie sollen nach Hause kommen will er, es soll Ihnen alles verziehen sein. Sie sollen ihm die Hochzeit der Mademosell Brighella begehen helfen.

DAVID: Die Hochzeit der Brighella – was sagst du – doch nicht mit –

JOHANN: Mit Schlankard, mit wem anders. Eben diesen Morgen hat Ihr Vater alles in Richtigkeit gebracht.

DAVID: Mein Vater selber alles in –

JOHANN: Ja freilich, er war selbst verliebt in sie, aber er hat sie dem Schlankard abgetreten und sie sollen auf seinem Landgut bleiben und er will für ihre erste Einrichtung sorgen. Nun was stehen Sie denn da, als ob Sie umfallen wollten. Greift Sie das so sehr an? sind Sie etwa selber verliebt in sie – Daraus meine ich kann nun nichts werden, daß wir zurückgehen, denn will ich bei Ihnen bleiben, und wenn wir beide als Generals zurückkommen, dann laß Ihren Herrn Vater versuchen mir das Fell über die Ohren zu ziehen – Potz Donner! wie wollen wir ihn prellen.

DAVID: Nein John! es ist eine schöne Sache um einen Feldherrn, aber – – zum Feldherrn gehört Verstand – und ich bin dumm.

JOHANN: Was sind das nun wieder für Reden. Wie Herr? vor ein paar Minuten sprachen Sie ja noch ganz anders. Von unten auf, Herr, von unten auf, ja wir müssen auch erfahren, wie einem armen Soldaten zu Mut ist, damit wir wissen wie weit seine Tapferkeit reicht, wenn es zur Schlacht kommt.
DAVID: Spottest du auch meiner. *(Fällt auf einen Stuhl.)*
JOHANN: O Herr! ich Ihrer spotten. Sagen Sie mir doch, ich kann Sie nicht begreifen – Wenn ich Ihrer spotte Herr – hier haben Sie meinen Hirschfänger –, so schinden Sie mich lebendig. Von Ihnen will ich mir gern die Haut über die Ohren ziehen lassen. Ich will leben und sterben mit Ihnen.
DAVID *(springt auf)*: So komm, John – Ich höre schon Trommeln und Trompeten und Kanonen – O Tod! Tod! Tod! – wenn ich mich gleich in die Säbel stürzen könnte – *(Ab mit Johann.)*
JOHANN: Ich will die Österreicher herunterfegen wie Mohnköpfe. Panduren, Kroaten, Freund und Feind, alles durcheinander, und wenn ich nicht General werde, so ist der Jüngste Tag nicht weit.

Zweite Szene

Leybolds Schloß

Just. Ein Postmeister.

JUST: Ich habe Sie nur rufen lassen, lieber Herr Postmeister, um Ihnen zu sagen – um Sie zu bitten – um Ihnen zu sagen, daß mein Vater sich nicht wohl befindet, es hat ihn seit der unvermuteten Entweichung meines Bruders eine Gemütskrankheit überfallen, von der ich fürchte, daß sie gefährliche Folgen für ihn haben könnte. Wollten Sie also wohl die Freundschaft für uns haben und alle Briefe, die von heut an an ihn kommen könnten, bei sich aufbehalten bis ich sie durch unsern Jäger abholen lasse. Ich will Ihnen die Ursache sagen: er hat an verschiedene Orte hingeschrieben, um Nachrichten von seinem Sohn zu erhalten, diese Nachrichten möchten aber wohl nicht die heilsamsten für ihn sein, denn es lauft schon im ganzen Lande das Gerücht herum, mein Bruder sei Soldat worden und bei der Affäre von Kolin auf dem Walplatz geblieben. Ich glaube es noch nicht, denn mich deucht, die Bataille bei Kolin ist zu geschwinde nach seiner Flucht gehalten worden als daß er hätte dabei sein können. Indessen wenn etwas ähnliches einlaufen sollte, wie ich mir denn nichts Bessers vorstellen kann, so ist es nötig, daß ich dergleichen Nachrichten meinem Vater beibringe, damit er nicht den Tod drüber nimmt.

Dritte Szene

Vor Lissa

Ein Teil der österreichischen und der preußischen Armee gegeneinander über. David im ersten Gliede unter diesen, unterm Gewehr.

DAVID *(für sich)*: Wenn ich bedenke, wieviel Künste andere Mädchen anwenden ihre Liebhaber treu zu erhalten – Und ich, der ich sterbe für eine Ungetreue, daß ich so vergessen sein soll – Sie denkt nicht an mich, fragt nicht nach mir – o wenn ich doch lieber unter der Erde läge, als daß ich hier so lange auf den Tod passen muß – Wenn der Major mein Herz hätte, er kommandierte geschwinder – *(Es wird in der Ferne unvernehmlich kommandiert. Das erste Glied kniet und schießt. Indem es aufsteht und ladt, schießen die Österreicher. David fällt. Es wird von beiden Seiten geschossen, die Österreicher dringen näher, die Preußen fliehen, sie verfolgen sie. Der Walplatz wird leer außer einigen Toten und schwer Verwundeten unter denen David ist.)*

DAVID *(kehrt sich um)*: Gottlob – Wenn jemand da wär, ihr die Nachricht zu bringen – Aber so – Mein Vater! Mein Vater! – Brighella, meine Geliebte! das ist euer Werk. Wenn ihr wenigstens hier wärt, daß ihr darüber triumphieren könntet. *(Bleibt eine Zeitlang still liegen.)*
(Johann hinter einem Gebüsch hervor, schleicht sich heran ohne Flinte, im Camisol.)
JOHANN: Das war ein häßliches Scheibenschießen – Wenn unser Major wüßte, daß ich der erste war, der ausriß. Aber freilich, er hat gut reden, er steht hinter der Fronte und kommandiert, und wir müssen uns für ihn tot schießen lassen. Wenn ich General wär, ich würde auch herzhafter sein – hinter der Fronte. Das ist es eben, wenn die Leute nicht von unten auf dienen, wie mein Herr sagt, darum wer kein Soldat gewesen ist, kann mein Lebtag kein guter Feldherr sein. Aber ich *(sich auf die Brust schlagend)*, wenn dies Ungewitter erst vorbei ist – so a propos, ich meine, ich kann der ganzen Welt sagen, wir haben den Walplatz behalten, ich und die ehrlichen Leute, die hier ins Gras gebissen haben, nur daß ich doch ein wenig klüger war als sie alle mit einander. Aber ich muß sie doch ein wenig näher kennen lernen, ob keine von meiner Bekanntschaft drunter sind. *(Hebt eine Leiche auf.)* Das ist ein wildfremdes Gesicht. Es freut mich, Monsieur, daß ich bei dieser Gelegenheit die Ehre habe – Still, ich höre einen Lärmen, ich glaube sie kommen wieder – Nein doch, sie sind hinter jenem Berge, da lassen sich die Österreicher nicht weg von treiben. *(Besieht eine andere Leiche.)* Guten Abend, Kamerad! ich kondoliere von Herzen, warum warst du so ein narr und folgtest dem Major.

Hättest du's gemacht wie ich – O weh mir, ich höre galoppieren. *(Läuft fort.)*
(Man hört trommeln in einiger Entfernung. Im Grunde des Theaters sieht man Handgemenge von Preußen und Österreichern. Die Österreicher fliehen, die Preußen verfolgen.)
DAVID *(wälzt sich noch einmal und schreit mit unterdrücktem Schmerz)*: Oh!
(Ein Bauer tritt auf die Bühne.)
BAUER: Ich denke sie sind weit genug und hier wäre was zu holen für unser einen. Es hat manchmal so einer was in den Hosensäcken, das er in jene Welt nicht mitnehmen kann. Und da uns die Kriegsleute doch bestrupfen, he he he, so denk ich können wir sie wohl auch einmal befumfeien, wenn sie tot sind. Wie unser Herr Pfarr einmal erzählt hat, er habe geträumt er sei in Himmel gewest und habe wollen auf die Kommodität gehn, da hab er gesehn, daß seine ganze Christliche Gemeine drunter säße, aber der heilige Petrus habe ihm zugerufen, er sollt sich nur nit scheuen, denn hab seine Christliche Gemeine ihn so oft – Eia! der lebt ja wohl noch – *(Indem er sich David nähert.)* Wenn ich ihm auf den Kopf gäbe, daß er der Qual los wäre – *(Indem er seinen Knüttel aufhebt, fällt ihm ein andrer Bauer von hinten in die Arme.)*
ZWEITER BAUER: Kanaille, was willst du machen.
ERSTER BAUER: Schwager! he Schwager! laß mich los, laß nur so gut sein, Schwager – Der Kerl hat doch nicht mehr für zwei Pfennig Leben in sich. Schick wir ihn in jene Welt, er verlangt doch nichts Bessers.
(David macht ein Zeichen mit der Hand)
ZWEITER BAUER: *(wirft den ersten zu Boden)*: Du Schwerenotshund! ich tret dich mit Füßen, wo du nit den Augenblick kommst und mir den Menschen hilfst zu recht bringen. Du Hund, hast noch in deinem Leben kein Vieh vom Tod errettet, geschweig einen Menschen, du verdienst das nit, denn du bist wie ein wildes Vieh du. *(Macht sich an David, zieht ein Tuch aus seinem Busen und verbindt ihm die durchschossene Schulter, dann ladt er ihn auf und trägt ihn fort.)* Na, will er wohl mit anfassen. *(Der andere hilft ihm, sie gehen ab.)*

VIERTER AKT

Erste Szene

Leypold in Küssen eingewickelt auf einem Lehnstuhle, den Fuß auf einem andern Stuhl, ein Buch in der Hand. Ein Bedienter trägt ihm Schokolate auf.

LEYPOLD *(winkt mit der Hand)*: Bringt sie weg – bringt sie weg – mein Lebtag! ich will keine mehr trinken.
BEDIENTER: Es ist keine Vanille drin.
LEYPOLD: Einfältiger Hund – *(wirft das Buch auf den Tisch)* es ist um des Schweißes der Wilden willen, der drauf liegt.
BEDIENTER *(steht ganz versteinert)*.
LEYPOLD: Verstehst du das nicht? sieh hier – *(das Buch aufnehmend)* komm hieher – guck her – Blitz Wetter! will Er herkommen. *(Bedienter nähert sich ihm, er faßt ihn an die Hand und zieht ihn auf einen Stuhl der neben dem seinigen steht.)* Sieh dieses Kupfer, es ist aus der *Voyage de'l Isle de France* – seht ihr Kanaillen wenn ihr euch über unsere Launen beschwert, seht diese Negers an, hat unser Herr Christus mehr leiden können als sie, und das, damit wir unsern Gaumen kützeln – Ihr sollt mir mein Lebtag keine Schokolate mehr machen, auch kein Gewürz mehr auf die Speisen tun, sagt dem Koch.
BEDIENTER: Der Medikus hat Ihnen aber doch selbst die Schokolate erlaubt.
LEYPOLD *(ganz außer sich)*: Einfältiger Hund! *(Sieht sich nach etwas um.)* Wenn ich doch was Unschädliches finden könnt Ihm an den Kopf zu werfen – Der Medikus! der Medikus! – ich tu's um meines Gewissens willen, Lumpengesindel, nicht um den Medikus – um meines verlornen Sohnes willen, durch den mich Gott zur Erleuchtung bringt. Wer bin ich, daß andere Leute um meinetwegen Blut schwitzen sollen. Sie dürften mir ja nur auf den Kopf schlagen, so wäre mein Gold ihre – Komm her, Mensch! setz dich an den Tisch und trink mir deine Schokolate selber aus. Du hast sie gemacht, sie gehört dir, und wenn ich dich worin beleidigt habe oder dir was Ungebührliches befohlen – *(Faßt ihn sehr rührend an die Hand und zieht die Mütze ab.)* Kannst du mir verzeihen, Peter?
BEDIENTER *(küßt ihm die Hand)*: Gnädiger Herr – *(Geht weinend ab mit der Schokolate.)*
LEYPOLD *(liest laut)*: Betrübt, betrübt – wer weiß auf welches Schiff sich mein unglücklicher David gesetzt hat und ein ähnliches Schicksal itzt ausstehen muß. *(Legt das Buch weg, faltet die Hände.)* Ja, vielleicht hab ich durch meine Grillen – durch meine Grillen, durch meine Narrheiten, daß sich der Junge in das Mädchen verlieben mußte – Gleich – gleich!

(Zieht an der Schelle, Bedienter kömmt.) Laßt mir die Mädels alle herkommen, Sänger und Sängerinnen, Zwerge und alles – den ganzen – Spektakel – fort mit ihm ins Dorf, zu den Kühen mit ihnen – sie haben mich um meinen Sohn gebracht – Laßt mir die Brighella bringen, den Schlankard – die Pension soll ihnen entzogen werden, sie können laufen wohin sie wollen – wart, ich will selber zu ihnen gehen. *(Steht auf und hinkt heraus.)*
BEDIENTER: Gott behüt in Gnaden! was kommt dem alten Mann an. So boshaft hab ich ihn doch in seinem Leben noch nicht gesehen.

Zweite Szene

JUST *(kommt herein einen Brief in der Hand)*: Er lebt noch – nun das ist artig! und will sich bei meinem Vater wieder einschmeicheln. Nein, mein lieber Bruder David, daraus wird nichts – Du bist einmal bürgerlich tot, es ist gleichviel, ob du als Holzhacker oder als Soldat lebst – wenn ich meinem Vater nur eine falsche Nachricht von seinem Tode beibringen könnte, an der er gar nicht mehr zweifeln kann. Denn des Menschen Herz ist nun einmal so, er glaubt unangenehme Neuigkeiten nicht und wenn er sie mit eignen Augen sehen sollte. *(Johann tritt herein, Just kehrt sich hastig um.)* He! der kommt mir ja eben recht, wie vom Himmel gefallen. Mein lieber Johann, was bringst du?
JOHANN: Viel Neues, aber nicht viel Guts. Alles ist zu Grunde gegangen, gnädiger Herr, ich habe zwar die Walstatt behalten, aber es hat mich Blut gekosteet, und meinen armen Herrn auch.
JUST: Wo ist denn dein Herr?
JOHANN: Ach! er ist im Reich der Toten vermutlich, denn ich lag bei ihm unter den Blessierten und da kamen auf einmal die lüderlichen Husaren und schleppten ihn fort, daß ich weiter nichts von ihm gesehen habe.
JUST: Also kannst du meinem Vater mit Gewißheit sagen, daß er tot sei? Hör, es ist einerlei, der alte Mann muß es einmal wissen, später oder früher, was liegt daran. Die Ungewißheit ist ihm Gift.

ZWEITE BEARBEITUNG

ERSTER AKT

Erste Szene

Ein Zimmer in Rosenwalde, worin eine Bibliothek nebst verschiedenen mathematischen Instrumenten.

Graf Martens, Baron Löwenstein, die sie besehen.

GRAF M.: Wir werden lange warten müssen, gebt nur Acht. Es ist dunkles Regenwetter, er versieht sich heut auf keine Fremde und vielleicht schläft er eben etwas lange in den Armen einer seiner geliebten Pastorellen.
BARON L.: Ist es denn wahr, daß er sie alle erst entjungfern soll, eh er sie verheuratet.
GRAF M.: Es kann sein, daß er's auch nur aussprengt um die Freier abzuschröcken. Denn er sieht nichts ungerner, als wenn ihm eine von seinem Theater oder aus seinen bezauberten Schlössern und Gärten weggeheuratet wird, das könnt Ihr Euch wohl vorstellen. Man sagt, seine beiden Söhne machen ihm über den Punkt viele Sorgen, und weil seine Mädchen sehr reizend sind, so schläft er, um sie vor denen auszuhüten, mitten unter ihnen. Indessen beschuppt ihn der älteste doch durch seine verstellte Sittsamkeit, und man hat mir versichert, er habe ihm die Schönste seiner Tänzerinnen heimlich entführen lassen, ohne daß der Vater noch bis diese Stunde den geringsten Argwohn auf ihn hat.
BARON L.: Ich möcht einmal auf zweimal vierundzwanzig Stunden sein Sohn sein.
GRAF M.: Er geht strenge mit ihnen um, kann's auch gar nicht leiden, wenn sie Neigung zu seinen Grillen beweisen. Er will durchaus nicht, daß es ihm einer worin nachtue, auch würd er in der Tat zu Grunde gehen, wenn seine Söhne die Wirtschaft so fortsetzten, wie er sie angefangen hat. Denn es ist die Frage, ob sie auch so leicht Markgräfinnen finden würden, die treuherzig genug wären, ihr Vermögen zu so kostbaren Träumereien herzugeben.
BARON L.: Er kommt nicht. Wollen wir derweil in den Garten hinabgehen. Oder wenn wir in sein und seiner Kebsweiber Schlafzimmer kommen könnten? Das *Lever du Roi* anzusehen, möcht ich viel Geld geben.
GRAF M.: Wir wollen einmal sehen, ob wir an einen Bedienten kommen. *(Gehn heraus.)*

Zweite Szene

Ein andres Zimmer

David und Just sitzen an einem Tisch mit Büchern. Der Graf Hoditz unter ihnen, dem Just eine Tafel darhält.

HODITZ: Na, das ist gut – hast du ihn heraus gebracht. Weil x + y gleich a + b – – na, ich seh schon, ich seh schon. Der Erfinder dieses Lehrsatzes hat tausend Ochsen geopfert, das wollte zu den damaligen Zeiten viel sagen; sieh einmal mein Sohn, wenn du so fortfährst, laß ich dir – da! damit du doch auch eine Freude dran hast *(zieht eine goldene Uhr heraus die er ihm gibt).* Und du, Junker David, wie ist's dir gelungen, du sitzt ja da mit so zerstörtem Haar als ob du eine Mauer einzurennen hättest. *(Nimmt ihm die Tafel aus der Hand.)*
DAVID *(angsthaft)*: Gnädigster Vater – es ist – ich habe – es ist – wieder ausgeloschen, ich dachte weil Just es schon gemacht hatte –
HODITZ *(droht ihm die Tafel an den Kopf zu werfen)*: Einfältiger Hund! Weil Just – weil Just – wirst du denn immer Justen in die Hosen kriechen. Ich will dir tausend Ochsen geben, aber nichts wie Ochsenschwänze auf dein dickes Fell – geh *(stößt ihn)*, geh in den Wald, Bauerbube, und hack Holz, ein Holzhacker hat dich gemacht, stumpfe Seele!
DAVID: Gnädigster Vater, ich kann's nicht begreifen, ich kann's unmöglich begreifen das. Ich will ja gern was anders lernen, das einem nicht den Kopf so zerbricht.
HODITZ: Was weißt du denn, was kannst du denn, Schandfleck meiner Familie! sage mir, sage mir, wenn es nur etwas ist, wenn es nur soviel ist, daß eine Mücke drauf stehen kann. Aber nichts, gar nichts! Ich will dich ja nicht zwingen, Mensch! wohin geht deine vorzügliche Neigung, ich will ja nicht hart oder grausam gegen dich sein, aber w a s muß doch aus dir werden, oder der Teufel muß mich und dich holen.
DAVID *(wird bleich und bleibt starr sitzen).*
JUST *(zieht seines Vaters Hand mit Ungestüm an die Lippen).*
HODITZ: Rede Höllenhund! sitz mir nicht so hölzern da, rede, ich bitte dich –
JUST: Gnädigster Vater! Er wird sich ja auch bessern.
BEDIENTER *(kommt)*: Gnädiger Herr, die Fremden sind ganz ungeduldig, sie wollen wieder wegreiten.
HODITZ *(zu David)*: Das ist dein Glück. *(Schlägt in die Hände.)* Kann ein Vater mehr tun als ich an euch tue? Alles, alles was euch die Sinnen ergötzen, was euch die Studien angenehm machen kann, ich raffiniere Tag und Nacht, ich werde zum Narren darüber – Komm Just! laß ihn allein, er soll sich in acht Tagen nicht unterstehen mir unter die Augen zu

kommen, oder ich laß ihn auf Jahr und Tag in ein Loch stecken, wo ihn nicht Sonn noch Mond bescheint. *(Gehn ab.)*
DAVID *(steht auf und geht herum)*: Holzhacker – ja, Holzhacker! warum sollt ich auch meinem jüngern Bruder länger im Wege bleiben, der mich in allen Stücken übertrifft – Meine Risse nehm ich mit mir. *(Holt einige Rollen Papier unter dem Bett heraus, die er aufwickelt.)* Er sagt ich soll ihm sagen wozu ich Neigung hätte, und doch hat er seinen Fluch darauf gelegt, wenn einer von uns Soldat würde. Nun ja, so ist es ja ganz recht, wenn ich – Aber Brighella – ach Brighella! Brighella! wenn du mich nicht liebst, was ladest du auf dich.
(Johann kommt.)
JOHANN: So allein, junger Herr? gehn Sie denn nicht mit herüber an den Festivitäten Anteil zu nehmen.
DAVID: Was für Festivitäten?
JOHANN: Die den fremden Herren zu Ehren angestellt werden, dem Graf Martens und dem fremden Baron. Auf den Mittag wird im großen Brunnensaal gegessen, die Sängerinnen und die Sirenen sind alle bestellt, auf den Abend ist ein groß Konzert angesagt, Brighella singt mit dem jungen Widal, der gestern aus Italien zurückgekommen ist.
DAVID: Den mein Vater hat reisen lassen?
JOHANN: O Sie sollten ihn nun hören, und mit ihr – Hören Sie, unter uns aber, ich glaube es gibt ein Paar.
DAVID *(sieht ihn lange stillschweigend an)*: Ein Paar? woher glaubst du das?
JOHANN: Weil sie – ich habe sie gestern wohl gehört, als sie mit einander Probe sangen. Ich glaube immer, Junker, wenn zwei Leute zusammen singen, es ist als ob sie sonst was mit einander täten. Wenn sich die Stimmen so miteinander vereinigen, daß die Seele des einen an des andern seine anstoßt, daß dich die kränkt! und ihre Blicke und Mienen denn, wie das alles so zusammenfällt und sie den Othem zu verlieren scheinen und so in einander hinein sterben und dann wieder plötzlich so freudig aus einander fliegen, damit sie mit desto größerer Macht wieder zusammen können – ich wollte meine Frau eben so gern mit einem andern im Bett sehen, als sie mit ihm singen lassen. Nein, meiner Six! die Brighella wollt ich schon nicht mehr heuraten und wenn sie in Gold bis über den Ohren säße.
DAVID: Johann, wolltest du mir einen Gefallen tun.
JOHANN: Nun?
DAVID: Es wird doch sehr voll sein im Konzertsaal heut – – Höre Johann, mein Vater hat mir verboten ihm unter die Augen zu kommen – Wenn du mir könntest – ich möchte Brighella und den Widal gern zusammen singen hören – wenn du mir könntest deine Livrei anzuziehen geben.

JOHANN: Ich will wohl, gnädiger Herr, aber Sie müssen sich wohl in Acht nehmen, daß der alte Herr Sie nicht ins Gesicht zu sehen kriegt. Was hat er denn, warum ist er böse auf Sie?
DAVID: Ich will dir's schon ein andermal sagen. Fürchte nur nichts, ich weiß wohl wo ich mich hinstelle, da an der Tür, du weißt wohl gegen über dem Orchester, etwas linker Hand, wo es hinaus in den Garten geht, dort steht immer eine Menge Menschen und der Kronleuchter wird heut ganz gewiß nicht angesteckt.
JOHANN: Auf Ihre Gefahr denn, ich will mich derweile in Ihr Bett legen, daß niemand mich zu sehen kriegt. Ich habe sonderdem die letzte Nacht nicht geschlafen, Ihr Herr Bruder hat mich bis morgens um fünf Uhr Schildwacht stehen lassen, weil er wieder heimlich ausgeritten war nach seiner löblichen Gewohnheit.
DAVID: Du weißt nicht wohin.
JOHANN: Ja das rate der Henker, mir wird er so was nicht anvertrauen. Aber wenn ihm einer bei unserm alten Herrn einen Streich spielen könnte, so wär ich es. Warum ist denn der alte Herr böse auf Sie, sagen Sie mir's doch.
DAVID: Komm, laß uns in unsern kleinen Garten gehn, als ob ich zur Motion etwas graben wollte, vielleicht kann ich da durch den Zaun etwas vom Najadenfest zu sehen kriegen.

Dritte Szene

Schlafzimmer des alten Hoditz

Eine lange Reihe sauber zugedeckter Betten, auf denen seine Sängerinnen und Schauspielerinnen sitzen, ihre Rollen in den Händen habend. Sie sind alle weiß gekleidet, mit roten Schleifen. Hoditz tritt herein mit Graf Martens und Baron Löwenstein.

HODITZ: Ich führe euch nun in mein Serraglio, meine Herren, aber eins müßt ihr mir versprechen. Ihr könnt machen mit meinen Mädchens was ihr wollt, ihr könnt euch alle möglichen Freiheiten mit mit ihnen nehmen, ihr könnt mir zu Gefallen Unzucht mit ihnen treiben – nur unter vier Schritte dürft ihr ihnen nicht zu nahe kommen. *(Die Mädchen stehen alle auf, als die Fremden hereintreten, und lachen.)* Nun nun! bleibt nur sitzen, tut nicht so gar freundlich, die Herren verlangen eure Höflichkeit nicht. *(Löwenstein geht näher immer grüßend, wobei sich eine nach der anderen verneigt.)* Nu nu! die Komplimenten sind euch geschenkt. *(Löwenstein geht immer näher, Hoditz wird immer unruhiger.)* Der fremde

Herr will euch nur auf die Probe setzen, bleibt sitzen, sage ich euch. *(Sie setzen sich alle. Graf Martens kommt näher, einige stehen wieder auf.)* Zum Teufel! bleibt sitzen auf euren Hintern, wer hat euch geheißen aufstehen. *(Sie setzen sich wieder.)* Es ist ein alter lieber Bekannter von mir, er wird's euch nicht übel nehmen. *(Kehrt sich um zu Graf Martens und Baron Löwenstein, sich zwischen ihnen und den Mädchens stellend.)* Was sagen denn die Zeitungen von unserm wackern König von Preußen. Wird er nicht bald ein Ende machen mit unserm Schlesien?
GRAF MARTENS *(immer von der Seite avancierend)*: Nach den letzten Nachrichten steht das Hauptquartier der Kaiserlichen –
BARON LÖWENSTEIN *(von der anderen Seite gleichfalls avancierend)*: Ich habe von der preußischen Armee einen Brief von einem guten Freunde erhalten, daß der König diesen Feldzug mit der Belagerung von Torgau –
HODITZ *(indem er bald dem einen bald dem andern zuhört, rückt immer der andere weiter vor, so daß er selbst gezwungen ist, immer mehr zurückzuweichen, endlich bricht er kurz ab, beide an der Hand fassend)*: Meine Herren, mit eurer Erlaubnis, ich habe nur meinen Mädchen hier was – *(Geht geschwind vorwärts und redt heimlich zu seinen Bäuerinnen. Martens und Löwenstein folgen ihm unvermerkt.)*
HODITZ *(etwas leise zu einer Sängerin)*: Ihr singt heute die Hymne: *Trage Hoditz' Namen Unter die Gestirne Adlerschwingigter Gesang!* und dann könnt ihr gegen das Ende auch die Namen Martens und Löwenstein hineinbringen, merkt euch, Martens und Löwenstein – aber macht ja, daß es nicht so herauskömmt also ob ich es euch befohlen hätte, sonst setzt es –MARTENS: O ich bitte sehr sich keine Mühe unserthalben zu machen.
HODITZ *(kehrt sich plötzlich um)*: O meine Herren! *(Mit beiden Händen sie zurückhaltend.)*: Ein bißchen weiter, ein bißchen weiter, bitte ich – Ich habe nur befohlen, daß man Ihren Bedienten zu essen geben sollte, und weil da mehrere fremde Herren sind, die meine Götterfeste mit ansehen wollen, so sagte ich, daß man Ihre Leute distingwieren sollte. Wollen wir jetzt weiter gehen?

DIE AUSSTEUER

(Erstdruck 1774)

PERSONEN

Ein Gnome
Herr Keller
Rebenscheit, Mütterchen
Splitterling, reich
Frau Heup, dessen Schwester
Leander, ihr Sohn
Crispin, sein Bedienter
Fiekchen, Tochter des Herrn Keller (wird nicht gesehen)
Ein Koch
Einige Bediente

ERSTER AKT

Erste Szene

EIN GNOME *(tritt auf.)*
Immer schweb' ich ums Hauß herum –
Schätze zu hüten ist mein Beruf,
Darbenden Tugenden zum Behuf.
Immer schweb ich ums Hauß herum;
Keller entdeckte den Schatz im Kamin,
Aber der Tochter verheelt' er ihn
Und für das Mädchen hütet' ich ihn.
Denn ins Kloster verlangt sie zu gehn,
Weil sie nichts dem künftigen Mann
Als ihr Herz, zubringen kann.
Und sie ist schön, zärtlich und schön,
Und Leander betet sie an
Weil er sie einst im Bade gesehn,
Und sich vergessen – und sie erlaubt,
Daß er die Unschuld ihr geraubt.
Seit der Zeit verschloß sie sich immer
Tag und Nacht, in ihr Zimmer,
Sagte: Leander! Zur stummen Wand,
Räuber! Hätt' ich dich nie gekannt.
Denn mein letzter Juwel ist verpraßt,
Nun bin ich Gott und Menschen verhaßt.

Immer schweb' ich ums Hauß herum;
Fieckchen zu helfen, ist edler Ruhm.
Will dem Keller das Blut erschrecken,
Soll seinen Schatz in Dornen und Hecken
Vor seiner eignen Furcht verstecken.
Daß er in beß're Hände gerät
Bis er zu Fieckchen, früh oder spät.
Will diesen Demant in Gold einfassen
Und ihn Leandern zuwenden lassen
Durch seinen Onkel Splitterling,
Der von dem Himmel viel Geld empfing.

Immer schweb' ich ums Hauß herum
Turetu, turetu, trum, trum, trum,
Eilet, ihr Dämpfe der Kluft, beeist
Kellers Blut mit eurem Geist.
Ha ihr seyd da, schon steht sein Blut.
Es ist gut. *(Verschwindt.)*

Zweite Szene

Keller. Rebenscheit.

KELLER *(stößt sie):* Geh heraus, geh! Geh, geh, geh, willst du gehn: du Hexe, du Spion?
REBENSCHEIT: Was schlagen Sie mich alte Frau?
KELLER: Willst du noch nicht gehn?
REBENSCHEIT: Was stoßt Ihr mich zum Hause naus?
KELLER: Soll ich dir Rechenschaft geben? Fort sag ich dir, fort, von der Tür fort, dahin, da bei der großen Pfütze kannst du stehn bleiben, bis ich dich wiederruffe. Seht wie sie kriecht, wart', wenn ich einen Stock in die Hand nehme, ich will dir Beine machen, du Schnecke du.
REBENSCHEIT: Lieber möcht ich doch beym Schinder dienen als bei Ihm.
KELLER: Was brummt Sie da in Bart, hört einmal! *(Schreit.)* Ich werde dir doch wahrhaftig die Augen noch ausstechen, wenn du nicht aufhörst herzuschielen. Steh jetzt still, sag ich dir, und so mit dem Rücken gegen meine Hausthür, wo du nur einen Nagel breit zurückweichst oder wo du den Kopf nur auf die Seite wend'st, so laß ich dich aufhängen, so wie du gehst und stehst.
REBENSCHEIT: Es geht mir, Gott verzeih, wie Lots Weib.
KELLER: Was sagst du? Ich habe doch in meinem Leben noch kein gottloseres Weibsbild gesehen, sie wird mir Gott weiß noch ablauren wo ich ihn habe, ich kenne ihre Hinterlist, ich glaube sie hat Augen im Nacken, seht wie sie den Kopf schüttelt, o Rabenaß, Rabenaß! *(Geht hinein.)*
REBENSCHEIT: Es muß ihm jemand was angetan haben, oder er ist von Sinnen gekommen, wohl zehnmal in einem Tage stößt er mich zum Hause hinaus. Ich weiß nicht, was für eine unsinnige Wirtschaft er jetzt mit einem Mal anfängt, die ganze Nacht wacht er und des Tages rührt er sich nicht von seinem Sessel wie ein lahmer Schuster. Das kommt mir eben zu unrechter Zeit, ich weiß nicht, wie ich ihm die Schande unsrer armen Jungfer verbergen soll, deren Geburtsstunde täglich herannaht. Ach Gott, Fieckchen! Was wird aus uns werden, der Strick wäre die beste Hebamme für dich.

Dritte Szene

Rebenscheit. Keller.

KELLER *(kommt wieder heraus, vor sich)*: Jetzt ist mir das Herz doch wieder etwas leichter, es war doch alles noch so in der Ordnung – Nun du, Rebenscheit! Geh nur wieder hinein und gib auf's Hauß Acht.
REBENSCHEIT: Worauf denn, Herr? Daß Euch niemand das Haus forttträgt? Ihr habt ja nichts drinn als Spinneweb.
KELLER: Meinst du der liebe Gott soll mich dir zu Gefallen zum Großmogel machen? Auf die Spinneweb sollst mir Acht geben. ich bin arm, das ist wahr, ich gesteh's, ich ertrag's mit Geduld. Wie Gott es fügt, bin ich vergnügt. Geh, geh hinein und schließ wohl zu und mir niemand ins Hauß gelassen, verstehst du mich? *(Ihr näher ins Ohr.)* Und wenn des Nachbarn Hans kommt, hörst du, seine Pfeiffe in der Küche anzuzünden, so lösch das Feuer aus, verstehst du, lösch es aus, damit er keine Ursach hat zu kommen. Und wenn die Nachbars Magd kommt, verstehst du und will Wasser aus unserm Brunnen holen, so sag ihr, er ist ausgetrocknet. Und wenn sie ein Beil bey dir suchen, oder ein Messer oder einen Topf und so dergleichen, so sag' nur, die Diebe habens weggetragen. Verstehst du mich, ich werde gleich wieder da seyn, es soll mir niemand ins Hauß so lang ich davon bin, keine lebendige Seele und wenn – und wenn's der Gelddrache selber wäre.
REBENSCHEIT: Ja der wird sich schön in Acht nehmen zu Euch zu kommen. *(Geht.)*
KELLER: Verstehst du mich – geh nur hinein! Und mir beyde Riegel vorgeschoben, hörst du es? – Es ist doch ein Unglück daß ein ehrlicher Mann nicht zu Hause bleiben kann wenn er will. Da will der Zunftmeister heute Geld austeilen, und wenn ich nicht dabei wäre, husch würden die Nachbarn sagen, der muß genug Geld zu Hause haben. Was das für ein elendes Ding doch mit der Welt ist, ja, ja, es ist wohl ein rechtes Jammertal. ich weiß nicht, je mehr ich es zu verheelen suche, je naseweiser werden die gottsvergessenen Leute mir, weiß sie der böse Feind! sie grüßen mich alle seitdem freundlicher als vormals, da bleiben sie stehen mit mir, da fragen sie mich nach meiner Gesundheit, recht als ob sie das was angienge, und da mir die Hand gedrückt und wie ich mich befinde, daß euch die schwere Not mit eurer Höflichkeit –

ZWEITER AKT

Erste Szene

Frau Heup, Splitterling.

FRAU HEUP *(vor sich)*: Der Doktor Luft hat mir's auf seinen ehrlichen Namen zugeschworen, daß das Mädchen es nicht länger als zwei Jahr höchstens machen kann. Wenn das gewiß wäre, o das wär Gold wert, mein Bruder Spiltterling sollt' und müßte sie heyrathen, oder ich müßte keinen Fetzen Lunge mehr haben – Da kommt er eben, gewiß wieder von seiner Concubinbe, so geht das Geld aus dem Hause und wenn er heut oder morgen stirbt – Proste Mahlzeit Bruder! Wo hast du dann zu Mittag gespeist: du siehst ja so freundlich aus, es ist gut, ich habe dir was zu sagen, ich möcht aber gern daß du's erkennst, wie all mein Tichten und Trachten immer nur auf dein Bestes geht. Du mußt nicht meinen, weil ich so viel rede, ich denke noch vielmehr Bruder! Ich kann schon nicht anders, es muß über die Zunge und du magst auch durch die ganze Welt reisen, so wirst du kein Weibsbild finden, das nicht viel redt, wenn sie stumm ist ausgenommen! Ich denk aber immer so, wir sind uns die Nächsten, Bruder und Schwester sieh einmal, und wenn die sich nicht alles sagen was sie denken und wenn die sich nicht raten und helfen, wer soll sonst tun, sieh einmal –
SPILITTERLING: Ja du bist ein allerliebstes Weib. Was hast du denn?
FRAU HEUP: Geh doch geh, alter Schalk! Nun höre mich nur aus, eh du spöttelst, ich habe so bei mir nachgedacht über deine Umstände, da du anfängst so kränklich zu werden und niemand ist der dich so recht pflegen und hegen kann, und da kann ich nun nicht anders, es muß heraus, ich muß dir alles erzehlen, das ist meine Natur so, meine Zunge steckt mir im Herzen wie der Klöppel in der Glocke – was meinst du also Bruder, was ich dir da nun für einen Rat geben will.
SPLITTERLING: Den besten der nur gegeben werden kann.
FRAU HEUP: Keine Komplimenten! Mein Rat ist, daß ich denke, daß du noch nicht zu alt zum Heyrathen bist und Kinder zu zeugen, und eine vergnügte Ehe zu führen.
SPLITTERLING *(bey Seite)*: In der Tat, die Großmut rührt mich. Da sie meine einzige Erbin ist –
FRAU HEUP: Sage! Was hältst du davon? Was antwortest du mir darauf?
SPLITTERLING: Wenn du wüßtest, Schwester – o Himmel!
FRAU HEUP: Nicht wahr du hast lange dran gedacht, aber du hast mich damit nicht kränken wollen. O du guter Tropf, was für eine Meynung

hast du von deiner Schwester, meynst du, daß ich dir nicht gönnen wollte, was dir Vergnügen macht, und wenn's mir Haab und Gut kosten sollte? Nein, nein, aber hör, du bist nicht mehr in den Flitterjahren, es möcht mit dir etwas schwer halten, darum so laß mich nur dafür sorgen, ich will dir schon was aussuchen, das sich zu deinem Alter und Humor paßt, ich will alles in Richtigkeit bringen, geh du deiner Wege, iß und trink und spiel Tokkodilje und bekümmere dich um nichts, dafür hast du mich und du sollst mit meiner Wahl zufrieden sein, ich versichere dir's. Ich weiß hier ein Mädchen, das ihre zwanzigtausend Gulden ungezählt mitbekommt, und das still und häußlich ist, und schön und leutselig dabey wie ein leibhaftiger Engel, ein wenig kränklich ist sie das ist wahr, aber mit dem ledigen Stande verliert sich das, ich habe viele Jungfern gekannt die kaum jappen mehr konnten, und als Weiber sind sie dick und fett worden; ich sage dir, es ist ein leibhaftiger Engel, und bey der soll's mir wenig Mühe kosten.
SPLITTERLING: Ich will dir auch die ersparen. Meine Wahl ist getroffen. Ich bin reich genug und hasse die elenden Kleinigkeiten, womit die Schwiegerväter uns zu Sklaven ihrer Töchter machen wollen.
FRAU HEUP: Was? Du wirst doch nicht toll seyn und ein Mädchen heyrathen wollen, das kein Geld hat? Was gilts, deine Concubine liegt dir im Sinn? Aber ich will meinen Kopf nicht auf dem Rumpf behalten, wo ich es leide, daß das Mensch in unsere Familien aufgenommen wird. Nimm es mir nicht übel, Bruder, ich sag es dir einmal für allemal, daß du dich danach zu richten weißt.
SPLITTERLING: Kennst du den alten Keller?
FRAU HEUP: Keller – was denn? Warum denn? Wo will das hinaus?
SPLITTERLING: Seine Tochter heyrath ich – und kein Wort mehr über die Sache. Ich weiß alles was du mir sagen kannst.
FRAU HEUP: Aber – ich hoffe doch, daß das dein Ernst nicht seyn wird.
SPLITTERLING: Und ich hoffe, es wird.
FRAU HEUP: Sage mir doch, bist du wieder über eine Flasche Unger'schen Wein gekommen?
SPLITTERLING: Ich bitt dich, verlaß mich und mach mich nicht krippelköpfisch. Ich habe nun einmal meinen Entschluß so gefaßt, und ich bin Manns genug, einen Entschluß für mich allein zu fassen und auch allein auszuführen. Ich heyrathe nicht für dich, meine Schwester, das ist genug, arm oder reich, wenn mir's so beliebt, so kann's dir gleich viel gelten.
FRAU HEUP: Ganz gewiß hat Er heut getrunken, ich laß es mir nicht ausreden. Ich muß nur gehen, daß es nicht noch ärger wird. Adieu, Splitterling, viel Glück, Herr Splitterling. *(Geht hinein.)*
SPLITTERLING: Das hoffe ich. Mein Neffe hat gewiß einen guten Geschmack, und er hat mir soviel fürtrefliches von dem Mädchen gesagt, daß ich der Grille nun nicht widerstehen kann, sie noch heut Abend zu meiner Frau zu machen. Ich bin reich, sie wird mich gewiß nicht ausschlagen,

da ihre Dürftigkeit, wie mein Neffe sagt, sie fast zur Verzweiflung bringt, und ihr Vater ihr so unfreundlich begegnet. Doch da seh ich ihn ja eben nach seinem Hause zutrotten. Ich muß mich ihm doch nähern und ihn einmal anreden, wir haben doch schon so unzähligemal einander gesehen, sind die nächsten Nachbarn und noch kein Wort zusammen gesprochen? Das ist in der Tat nicht nachbarschaftlich. –

Zweite Szene

Keller. Splitterling.

KELLER *(vor sich)*: Das dacht ich, daß ich umsonst gehen würde, das schwante mir, darum ging ich so ungern: kein Geldausteiler zu sehen oder zu hören, das tun die Leute nur um ehrliche Leute aus ihren Häusern zu locken, weil sie nichts bessers zu tun haben, als den ganzen Tag die Schuhe zu verschliessen, und das Pflaster zu verderben. Nun bist du endlich wieder da mein allerliebstes Hauß, Gott grüß dich, mein gold'nes Hauß. *(Schließt seine Tür auf.)* Meine ganze Seele ist in dem Hause.
SPLITTERLING *(tritt an ihn und zupft ihn)*: Ich bin erfreut, Sie wohlauf zu sehn, Herr Nachbar.
KELLER *(fährt zusammen)*: Dank Euch Gott, Herr – was wollen Sie?
SPLITTERLING: Wie befinden Sie sich?
KELLER: Was? *(Bey Seite)*: Das ist auch einer von den Naseweisen – was haben Sie darnach zu fragen?
SPLITTERLING: Sind Sie noch wohlauf, munter, gesund –
KELLER: So, so – *(bey Seite)* er hat Wind davon – so so, sag ich, nicht zum Besten, es sind schlimme Zeiten.
SPLITTERLING: Wenn man nur ein zufriedenes Herz hat, Herr Keller! Sie haben immer so viel, daß Sie leben können.
KELLER: Wer hat Ihnen das gesagt? *(Bey Seite)* Die Rebenscheit hat geplaudert, ich will nicht ehrlich sein, sie muß ihm was gesagt haben.
SPLITTERLING: Was haben Sie, was reden Sie so für sich?
KELLER: Nichts, nichts, ich – seufze über meine Armut. Da hab ich ein Mädgen im Hause das alle Tage größer wird und alle Tage essen will: kein Henker erlöst mich von ihr, weil sie wissen, daß ich ihr nichts mitgeben kann.
SPLITTERLING: Seyn Sie unbekümmert, Herr Keller, sie wird schon versorgt werden. Ich bin Ihr Freund, sagen Sie mir's wenn Sie etwas für sie brauchen, ich stehe mit meinem Beutel zu Diensten.
KELLER *(kehrt sich weg)*: O ho! Das ist die rechte Höhe, wenn Sie Versprechungen tun, Luft hauchen Sie aus und ziehen Gold ein – Nein, gottlob, Herr, meine Tochter braucht Sie nicht und ich brauche Sie auch nicht, also – *(Winkt mit der Hand.)*

SPLITTERLING: Aber sehn Sie mich doch einen Augenblick an, Herr Keller, warum kehren Sie sich immerfort weg von mir? Ich hab Ihnen einen Antrag zu tun, der für uns beide von äußerster Wichtigkeit ist.
KELLER *(kehrt sich weg)*: Ich Unglücklicher! Er wird doch nicht Geld von mir leihen wollen –
SPLITTERLING: Wo gehen Sie hin?
KELLER: Nur auf einen Augenblick – ich muß nur noch drinnen nachsehen – sogleich – *(Geht hinein.)*
SPLITTERLING: Ich fürchte nur, wenn ich anspreche, wird er glauben, ich wolle mich über seine Tochter lustig machen. Er scheint mir überhaupt sehr mißtrauisch.
KELLER *(kommt wieder: vor sich)* Gottlob, daß nur alles da ist – Wollen Sie noch nicht fortgehen?
SPLITTERLING: Ich habe Sie nur über etwas – sondieren wollen.
KELLER: Nein, nein, nein, es ist umsonst, Herr! Ich lasse mich nicht ausholen. *(Will gehen.)*
SPLITTERLING: Sagen Sie mir doch –
KELLER: Nichts da – lassen Sie mich – es ist doch umsonst, Herr –
SPLITTERLING: Was denn? – Wie gefällt Ihnen meine Familie –
KELLER: Ganz gut –
SPLITTERLING: Und meine Denkungsart?
KELLER: Ganz gut, ganz gut – aber auf Credit laß ich mich nicht ein.
SPLITTERLING: Und meine Aufführung?
KELLER: Nicht übel, nicht übel, – lassen Sie mich –
SPLITTERLING: Sie kennen mein Alter.
KELLER: Ja, Herr, ja Herr – nichts von der Sache.
SPLITTERLING: Ich habe Sie jederzeit für einen wohldenkenden rechtschaffenen Biedermann gehalten.
KELLER *(abgewandt)*. Er wittert, wo ich's habe – o Rebenscheit, Rebenscheit!
SPLITTERLING: Ich kenne Sie, Sie kennen mich, kurz und gut –
KELLER: Ich will von keinem kurz und gut hören.
SPLITTERLING: Ich bitte mir Ihre Tochter zur Frau aus.
KELLER: Zur Frau – ey pfuy doch, Herr Splitterling! Das ist doch nicht artig von Ihnen, einen armen Mann zum Besten zu haben, der Ihnen nichts zu Leid getan hat.
SPLITTERLING: Ich habe Sie nicht zum Besten, ich schwör's Ihnen mit dem heiligsten Eyde.
KELLER: Sie meine Tochter zu Ihrer Frau –

SPLITTERLING: Ja, weil sie mich glücklich machen kann, und ich sie und ihr ganzes Haus.
KELLER: Nehmen Sie mir's nicht übel, Herr Splitterling, das kommt mir recht so vor, sehen Sie, Sie sind nun ein reicher reicher steinreicher Mann und ich bin ein hundsarmer Tropf, nun wenn ich Ihnen meine Tochter gäbe, so stell ich mir vor, Sie wären ein Ochse par Exempel und ich *sans comparaison* bin der Esel, nun wenn Ochs und Esel zusammen in ein Joch gespannt würden, so hab ich ja nicht die Geschwindigkeit wie Sie, hören Sie einmal, und da würde der arme Esel dann im Kot stecken bleiben.
SPLITTERLING: Lassen Sie doch – warum wollen Sie Ihren Kopf anstrengen Schwierigkeiten zu finden. Je näher Sie mit wohlhabenden Leuten verbunden werden können, desto besser für Sie, das ist Sonnenklar –
KELLER: Nicht so ganz Herr *(bey Seite)* aha, ich merke schon, wonach er mit der Wurst zielt. Aber er soll sich – Ich muß es Ihnen nur kurz und gut sagen, Herr Splitterling, daß Sie etwa nicht meinen — meine Tochter kriegt keinen Heller mit.
SPLITTERLING: Schadt nichts. Tugend ist die beste Mitgabe.
KELLER: Für ihre Tugend da bin ich Bürge – aber ich sag Ihnen, ich kann ihr keinen Heller mitgeben, da machen Sie sich keinen Staat drauf, Herr Splitterling, weder vor noch nach meinem Tode, denn das weiß die ganze Stadt und das ganze Land daß ich ein armer Mann bin. Ja wer heutigen Tages Schätze fände, wie vorzeiten.
SPLITTERLING: Das brauchen Sie alles nicht, versprechen Sie mir Fieckgen nur.
KELLER *(stutzt plötzlich):* Ich bin des Todes.
SPLITTERLING: Was ist?
KELLER: Ich hört ein Eisen klingen. *(Rennt hinein.)*
SPLITTERLING *(ruft ihm nach)* Es ist nichts, ich lasse in meinem Garten aufgraben – der Mann ist nicht gescheidt. Ohne mir eine Antwort zu geben – er will mich nicht zum Eydam, das war ein Korb in aller Form – So geht's, wenn man mit den Armen zu tun hat, ihr Mißtrauen verdirbt uns den ganzen Handel, hernach kommen sie mit der Reu hintendrein, wenn's schon zu spät ist –
KELLER *(im Hause):* Wenn ich dir nicht die Zunge abhacken lasse – verlaß dich drauf – wenn ich's nicht tue, so – so erlaube ich dir, mich kastrieren zu lassen, siehst –
SPLITTERLING: Was mag er so lärmen? *(Keller kommt.)* Nun, Herr Keller, ich glaube Sie wollen mich an der Nase herumführen. Sagen Sie mir, welch einen Bescheid geben Sie mir dann? Kurz und gut – krieg ich Ihre Tochter oder nicht?
KELLER: Keinen Heller Mitgabe.

SPLITTERLING: Davon red ich ja nicht.
KELLER: Ich kann ihr aber keinen roten Pfenning mitgeben, sag ich Ihnen.
SPLITTERLING: Hohl das Wetter die Mitgabe, Ihre Tochter verlang ich zur Frau, nicht die Mitgabe.
KELLER: Nun wenn das ist – wenn das ist –
SPLITTERLING: So – ja?
KELLER: Nun ja, warum nicht, aber Herr vergessen Sie nicht, daß wir übereingekommen sind, daß sie keinen Heller mitbekommt.
SPLITTERLING: Wir werden darüber keine Weitläuftigkeiten haben, Herr Keller, sein Sie unbesorgt.
KELLER: Ey ja doch, ich weiß, daß bey euch reichen Leuten ein Contrackt kein Contrackt ist, ihr könnt aus X U machen, man kennt euch.
SPLITTERLING: Hören Sie aber, Herr Keller, ich bin ein eigener Mann. Wenn ich mir was in den Kopf gesetzt habe, eins! zwey! drey! muß es da sein. Ich denke, wie wär's, wenn wir die Hochzeit noch heut Abends ansetzten, ich denke Fieckchen wird dagegen nichts einzuwenden haben, und wenn ich mich noch heut Abend allein meinen Grillisationen überliesse, und meine Schwester oder mein Neffe mir da in die Queer käme, so könnte mir wohl morgen gar die Lust zum Heyrathen schon wieder vergangen sein. Also kurz und gut, heut Abend ist die Hochzeit.
KELLER: Je eher je lieber – aber unter der Bedingung.
SPLITTERLING: Ich bitte Sie, schweigen Sie mit Ihrer Bedingung, ich müßte ja im Kopf verrückt sein, wenn ich mir auf eine Mitgabe von Ihnen Staat machte. Und Sie zu überzeugen, wie weit entfernt ich davon bin, Ihnen Kosten zu verursachen, so soll die ganze Hochzeit aus meinen Mitteln angerichtet werden. Ich will nur gleich gehen und Anstalten machen. *(Geht.)*
KELLER: So schnell? Das ist doch unmöglich so recht richtig, so heißhungrig kann er auf ein armes Mädchen nicht – ich glaube, er hat mir was von Schatz gesagt, mich däucht – ja wahrhaftig, er hat's gesagt, darum sucht er meine Verwandtschaft – Rebenscheit! – Oder nein, ich selber, glaub ich, war es, der von Schatz redte – Rebenscheit: Komm heraus, du – *(Sie kommt.)* Hör! Sag mir doch auf dein Gewissen, hast du den Nachbarn nicht von einem gewissen – Heyrathsgut gesagt, das ich meiner Tochter mitgeben wollte? Sie hat einen Freyer bekommen, weiß der böse Feind, wie es zugeht, kurz sie heyrathet heute Abend unsern reichen Nachbar Splitterling.
REBENSCHEIT: Heute Abend – heilige Mutter Gottes! Das ist unmöglich.
KELLER: Was denn? Was quackst du da, alter runzlicher Frosch! Unmöglich! Unmöglich! Ich sage dir aber, es ist möglich. Geh hinein,

räum auf inwendig, und schließ mir die Tür wohl zu – ich geh auf den Markt einzukauffen, ich bin in einem Augenblick wieder da – *(Geht.)*
REBENSCHEIT *(schlägt in die Hände.)* Was fangen wir an? Wir sind verloren. Was fangen wir an? Ihre Geburtsstunde ist da, ich soll die Hebamme machen, ich soll zur Hochzeit aufräumen. Bis dahin haben wir alles verheelt, jetzt da es nicht mehr angeht zu verheelen, um ihre Schande vollkommen zu machen, muß ein Freyer kommen, und Zeuge davon sein. O armes, unglückliches Fieckchen! Armes Fieckchen! Unglückliches Fieckchen! *(Geht hinein.)*

Dritte Szene

Crispin. Ein Koch.

KOCH: Hier in dem Hause von Fachwerk? In dem kleinen armseligen Nest Hochzeit? Es ist nicht gescheidt.
CRISPIN: Ich sag es Ihm ja, die Hochzeit ist auf des Bräutigams Kosten.
KOCH: Hat denn die Braut keinen Vater?
CRISPIN: Kennt Er den alten Keller denn nicht, sag Er mir einmal? Hat er nichts von ihm gehört? und seit wenn bei uns im Frankenlande? Nein Er muß aus dem Dardanellenlande kommen, oder gar von Amerika, weil Er noch in seinem Leben nichts vom alten Keller gehört hat.
KOCH: Was sagt Er mir da für kauderwelsch Zeug vor, was ist's denn mit dem alten Zöllner, was gibt's? Ist er so arm, oder so filzicht?
CRISPIN: Weiß Er nicht, daß er einen Fasttag anstellt, sobald von seinem Holz nur der Rauch aus dem Schornstein geht? Weiß Er nicht, daß er sich alle Abend vor Schlafengehn eine große Ochsenblase vor den Mund bindet? Weiß Er nicht –
KOCH: Warum denn die Ochsenblase vor dem Mund, lieber Mann! Ists ein Hexenmeister?
CRISPIN: Ey ja wohl – damit ihm nichts von seinem Atem verloren gehe, wenn er schläft.
KOCH: Ha ha ha, das ist schnackisch: und ist denn der Mann bey seinen fünf Sinnen?
CRISPIN: Weiß Er nicht, daß er helle Tränen weinen kann wenn er sich die Hände wäscht, weil ihm das Wasser so verschüttet wird.
KOCH: Geh er doch, das ist unglaublich.
CRISPIN: Auf Ehre, es ist wahr. Ich kann ihm meine Parole d'Honneur drauf geben, daß er sich niemals den Bart scheeren läßt, wo er nicht die Stoppeln davon sorgfältig aufhebt.

KOCH: Nun der versteht die Wirtschaft, Gott sey Dank, daß wir nicht von dem bezahlt werden: es ist doch Herr Splitterling der anrichten läßt.
CRISPIN: Ja wohl, aber a propos, hat Er auch sein Küchengerät selbst mitgebracht? Dort findt er keins.
KOCH: Wie denn? Ich bitt ihn – nein –
CRISPIN: Desto besser, sonst macht er Ihm gewiß hernach eine Nachrechnung von gestohlnen Sachen: wart, ich werd Ihm schon welches aus unserm Hause herüberschicken: erst wollen wir hier nur anpochen, seht, mit welcher Sorgfalt er seine Türen verschlossen hat, als ob er Tonnen Goldes in seinem Loch hütete. *(Pocht an)* Was meynt er wohl, letzt – ja noch ein artiges Anekdötchen! Letzt hat ihm ein Habicht eins von seinen Keucheln weggetragen, und er – ist heulend und grinsend zum Stadtvogt gelaufen,, er möchte doch dem Habicht nachsetzen lassen. *(Pocht wieder.)*
KOCH: Ha ha ha.
REBENSCHEIT *(von innen):* Wer pocht?
CRISPIN: Gut Freund –
REBENSCHEIT: Der Herr ist nicht zu Hause.
CRISPIN: Nun aufgemacht, hier ist ein Koch, den Herr Splitterling Euch zugeschickt – und die Hintertür auch nur, und den Hof auch, denn es kommt noch ein Koch und ein ganzer Wisch Bediente mit Vicktualien: der Abend ist vor der Tür, seyd doch ein wenig beholfen und zaudert nicht, die Hochzeit wird auf die Art vor Mitternacht nicht werden.
REBENSCHEIT *(öffnet die Tür und ringt die Hände.):* Aber – was wird das werden um Gotteswillen? Es kann nicht seyn, es kann heute nicht seyn!
CRISPIN: Was denn? Ihr werdet doch keine Contraordre geben, da Herr Keller und Herr Splitterling alles schon angeordnet haben.
REBENSCHEIT: Aber wir haben keinen Splitter Holz im ganzen Hause.
KOCH: Holla, so brennen wir die Dielen. Kommt nur herein, laßt uns Anstalten machen, und Er Monsieur Crispin, schick Er mir doch das Kochgerät bald, wenns Ihm beliebt –
(Gehn hinein und Crispin von der andern Seite ab.)

Vierte Szene

Keller.

KELLER *(einen Blumenstrauß in der Hand)* Ich habe mich entschlossen, heut mein Gemüt ein wenig hart zu machen, weil ich doch die Last jetzt auch vom Halse bekomme, und ein wenig großmütig zu seyn, damit die Leute doch sagen können, wenn sie von meiner Tochter Hochzeit reden: ja ihr Papa, der alte Keller, das ist ein Mann! Und da bin ich denn auf den Markt gegangen einzukaufen, ich muß mich doch bey so einer Gelegenheit auch nicht lumpen lassen, und da hab ich denn nach Fischen gefragt, die waren so teuer! Lammfleisch, auch teuer, Kalbfleisch, Rindfleisch, Schweinefleisch, alles teuffelmässig teuer. Ich ward auch so zornig, weil nichts da war das ich ohne Geld kaufen konnte, und da fing ich bey mir selber an so etwas zu spekularisieren und Schlüsse zu machen, und da war's mir, als ob's mir jemand so sagte: Je nun, Keller, vertust du am Hochzeitstage, siehst du, so hast du ja den Tag nach der Hochzeit nichts mehr übrig, Keller, Keller! Sagt' es mir, o! Und nachdem ich das so recht in meinem Gemüt erwogen hatte, so beschloß ich, lieber keinen so greulichen Aufwand zu machen, und da hab ich denn diesen Strauß gekauft, ihn meiner Tochter an die Brust zu stecken, wenn sie zu Bette geht. Denn das bleibt doch immer einmal wahr und ist eine ausgemachte Sach, daß, wer seinen Kindern giebt Brod und leidt selber Not, den soll man – – – aber – o Himmel – meine Tür offen – *(wirft den Strauß hinein)* Diebe! – Mörder! – Gerechtigkeit! – *(Rennt hinein.)*

DRITTER AKT

Erste Szene

Der Koch. Keller. Eine Menge Leute die das Geschrei herbeigezogen.

KOCH *(stürzt heraus)*: Freunde, Nachbarn! Rettet! Er will mich umbringen, alle Feuerbrände hat er mir an den Kopf geworfen, macht Platz, da ist er, da kommt er der Kobold!
KELLER *(in gräßlicher Carrikatur, ein Beil in der Hand)* Haltet auf! Haltet auf! *(Man fällt Kellern in die Arme: ein andrer Haufe hält den Koch.)*
KOCH: Was macht Er denn für einen unnützen Aufstand Herr – führt

ihn doch in's Tollhauß, ihr seht ja, daß er verruckt ist –
KELLER: Mörder! Mörder!
KOCH: Hört ihr?
KELLER: Er hat ein Messer bey sich, damit hat mich wollen in meinem eignen Hause ums Leben bringen.
KOCH: Herr ich bin ein Koch, ist Er denn gar rasend, ich hab seinen Hahn damit abschlachten wollen, was kommt ihn an? Sein eigner Schwiegersohn hat mich ja gedungen!
KELLER: Wenn ich dir doch nur recht viel Böses tun könnte! Laßt mich laß –
KOCH: Er hat mir Böses genug getan, es wird sich schon ausweisen, der Kopf ist mir mitten von einander, es wird sich schon ausweisen, wart er nur.
KELLER: Was hast du in meinem Hause zu suchen, Straßenräuber?
KOCH: Hab ich ihm nicht zu seiner Hochzeit kochen müssen, ist Er denn besessen?
KELLER: Hab ich's dir geheißen? Was gehts dir an, ob wir roh oder gekocht auf unsrer Hochzeit fressen.
KOCH: Sein eigener Schwiegersohn –
KELLER: Soll ich in meinem eignen Hause nicht Meister sein?
KOCH: Herr Splitterling – warum will Er uns nicht in Ruhe kochen lassen, ich bitt Ihn.
KELLER: Daß du mir alle Winkel meines Hauses durchwittern kannst, Spürhund! Was hast du vor am Kamin zu schaffen gehabt? Rede! Ja wo du mir noch einmal meinem Hause zu nahe kommst, auf jenen Bratspieß will ich dich spiessen lassen! *(Geht hinein.)*
KOCH: Herr, so geb Er mir wenigstens mein Küchenzeug heraus, das ich dort abgelegt habe – da geht er hinein, und der Teufel darf ihm nach! Was soll ich anfangen? Wer wird meinen Schmerzlohn bezahlen, die Laus hat ja nichts, wenn ich ihn auch verklagen wollte. Ich bin wahrhaftig über und über nur eine einzige Wunde, ich werde dem Docktor noch mehr bezahlen müssen, als ich den ganzen Tag heut würde haben verdienen können. Hat niemand unter euch ein Schnupftuch bei sich, den Kopf mir zusammen zu binden, ich werd ihn müssen löten lassen, er ist mitten voneinander. *(Man reicht ihm eins und verbindt ihn, mittlerweil kommt Keller wieder heraus.)*

Zweite Szene

Keller im Mantel, einen Topf mit Gold unterm Mantel. Die vorigen in der beschriebenen Attitüde.

KELLER: Nun wahrhaftig, itzt will ich dich auch allenthalben mit mir herumtragen, wo ich gehe und stehe, ich seh' doch, daß das der beste Rat

ist. *(Zum Koch, gelassen.)* Nun, Ihr! Geht hinein! Kocht nur! Schafft so viel Ihr wollt.
KOCH: Ja nun da Ihr uns den Kopf eingeschlagen habt.
KELLER: Kocht doch nur! Der Herr Splitterling wird Euch nicht für Eure Reden bezahlen.
KOCH: So? Aber für meine Schmerzen sollt Ihr mir bezahlen. Ich bin dazu gedungen, Euch Essen zu schaffen, nicht Motion.
KELLER: Geht, kocht Eure Mahlzeit und halt's Maul, Ihr –
KOCH: Wir wollen schon sehen, wir wollen schon sehen – *(Bey Seite.)* Ich bin doch froh wenn er mich nur in Ruhe kochen läßt. Der Herr Splitterling muß mich für zwei Mahlzeiten bezahlen. *(Geht hinein.)*
KELLER: Mit den Reichen, mit den verwünschten Reichen! Gnade Gott dem Armen, der sich mit ihnen einläßt. Der Splitterling auch, schickt mir eine ganze Armee von Bedienten und Köchen ins Haus, mir zu Ehren? Ei ja doch! Dir zu Ehren, mein armer Geldtopf! Aber er soll sich häßlich betrügen. Sogar meinen alten Hahn hat er bestochen, den Favorit von der Rebenscheit, kaum hatt' ich den Topf heraus gegraben, so kam er auch zum Kamin ganz ordentlich, und fieng mit seinen Klauen auf demselben Platz an herum zu scharren, als ob er suchen wollte, ob mir nicht von ungefähr was zurückgeblieben wäre. Das tat mir in der Seele weh, aber ich habe nicht lange gefackelt, ich hab' ihm seinen Lohn gegeben – Ach – aber weh mir, da ist der verwünschte Splitterling schon wieder – ich bin verloren, wenn er merkt, was ich unterm Mantel habe. *(Stellt sich in einen Winkel indem er zu wiederholten Malen versucht den Topf wieder umter'n Mantel zu bringen.)*

Dritte Szene

Splitterling. Keller.

SPLITTERLING *(vor sich in tiefen Gedanken)*: Alle meine Freunde billigen diese Heyrath, in der Tat was kehr ich mich an meine Schwester? Ich tue desfalls doch, was ich will, was mich Großmut und brüderliche Zärtlichkeit dereinst heissen werden, nur will ich mir eben nicht wie ein gutherziger Elephant von ihr auf dem Nacken sitzen lassen. – Und wenn doch – wenn doch mehrere Reiche meinem Exempel folgten, wie würde die allgemeine Glückseligkeit in der Stadt zunehmen, und der Neid mit dem übermäßigen Aufwand verschwinden! Oder wenn ein Begüterter Neigung zu einer Reichen spürte, welches ihm freylich niemand wehren kann, so sollte ihr doch billig vorher ihr Heyrathsgut genommen, und einer Armen gegeben werden. Die reichen Mädchen würden alsdenn eben sowohl als die armen dafür sorgen müssen, ihren Verstand und ihr Herz zu bilden, um Männer zu bekommen.

KELLER: *(in der obenbeschriebenen Attitüde)*: Das ist schön! Wie vernünftig er wider die Aussteuer redt.

SPLITTERLING: Weit glücklicher würden alsdenn auch die Ehen ausfallen, die Frau würde dem Mann nie vorwerfen können, wie viel sie ihm zugebracht, und ihm dafür Tag und Nacht mit ihrem Putz und mit ihrer Equipage in den Ohren liegen.

KELLER *(wie oben)*: Gar gut! Der kennt sie, die Weiber! Wenn ich was zu sagen hätte, er sollte mir Ratsherr werden!

SPLITTERLING: Daher denn der überflüssige unbrauchbare Hausrat in unsern meisten Häusern, daher alle die Müßiggänger, die von der Eitelkeit unserer Weiber leben, die Schminkhändler, die gebrannt Wasser– und Seiffeverkäufer, die Näterweiber, alles das Geschmeiß –

KELLER: Soll ich ihn anreden? Nein, nein, ich will ihm noch zuhören, er redt gar zu schön.

SPLITTERLING: So mancher rechtschaffene Mann gerät darüber in Schulden, und versinkt zuletzt in dem Moraste. O ein reiches Weib ist die Strafe des Mannes, eine Frau ohne Aussteuer aber, die alles in sich hat, ist das köstlichste Kleinod, das ein Reicher erhandeln kann. *(Keller läuft auf ihn zu, ihn zu umarmen: Splitterling stutzt.)* Was seh ich? Sind Sie da, Herr Schwiegervater.

KELLER *(stutzt gleichfalls plötzlich zurück und zieht seinen Mantel zusammen: verwirrt)*: Ja – Herr Schwiegervater! *(Indem er den Topf immer zurecht rückt.)* Ich habe Sie von Anfang zu Ende behorcht, ich hab Ihre Worte recht verschlungen, so schön schmecken sie mir.

SPLITTERLING: So? – Aber wie denn, Herr Keller? Ist das Ihr ganzer Staat? Wollen Sie sich denn nicht ein wenig besser zu Ihrer Tochter Hochzeit anputzen?

KELLER *(in der Stellung wie oben)*: Ich bin geputzt genug, Herr. Was hilft der Schein, wenn das Wahre fehlt? Ein armer Mann muß den Leuten nicht weiß machen wollen, daß er viel habe.

SPLITTERLING: Sie haben genug.

KELLER *(kehrt sich hastig um)*: Was? Was will Er nun damit sagen? Das Wort ging mir wie ein Pfeil durch den Leib.

SPLITTERLING *(faßt ihn an und kehrt ihn um, wozu er seltsame Carrikatur macht)*: Was ist Ihnen?

KELLER: Nichts, nichts, ich wollte nur – ich dachte nur bei mir, wie ich Ihnen so recht eine Strafpredigt halten wollte.

SPLITTERLING: Und warum denn?

KELLER: Darum, daß Sie mir das Hauß da mit Dieben anfüllen, mir da

funfzighundert Köche in's Hauß schicken, wenn einer über und über Auge wäre, er könnt die nicht aushüten. Und den ganzen Markt da von Vicktualien in meiner Küche, was werden die Leute sagen, der alte Keller muß eine Million im Vermögen haben, daß er einen so herrlichen Schmaus gibt, wo alle Staaten in Europa sich satt essen könnten. Nein still und ehrlich, das ist meine Religion, Herr, still und ehrlich, ich mag das Trararum nicht.
SPLITTERLING: Aber Sie werden heut doch lustig mit mir seyn, Herr Keller, Sie werden heut doch auf die Nacht mit mir eins trinken.
KELLER: Was? Warum? Nein, ich trinke nicht, Herr.
SPLITTERLING: Gehen Sie? Ich habe einen Anker Mallaga angesteckt, das ist ein leichter angenehmer Wein –
KELLER: Nein wahrhaftig, ich trinke nicht, ich trinke Wasser.
SPLITTERLING: Gehn Sie doch, schämen Sie sich doch, am Hochzeitstage Wasser? Nein, nein, Sie sollen sich heut mit mir ein Räuschchen zulegen, oder ich will nicht Splitterling heissen.
KELLER *(abgewandt)*: Merkst du nicht? Er will mich von Sinnen trinken und hernach – über meinen Schatz her – Nein, ich bin dir zu klug, halt, ich will den Topf erst in Sicherheit bringen, und hernach will ich saufen, daß es dir gereuen soll, du sollst deinen Wein umsonst verloren haben, he he he, *oleum et operam perdidi*, sagt der Teufel und –
SPLITTERLING *(vor sich)*: Ich sehe, daß ihn sein Mißtrauen und seine Furchtsamkeit nicht eher verlassen wird, als bis ich mit seiner Tochter auf dem Teppich stehe. Alleweil kehrt er sich von mir und murmelt da vor sich wie ein Zauberer. – Adieu Herr Keller, Sie bleiben doch itzt zu Hause, ich will nur noch in mein Haus und mich frisiren lassen. – *(Geht ab.)*
KELLER: Ja, ja, Herr Splitterling, ja, ja. *(Zieht den Topf hervor.)* Armer Geldtopf! Wie viel Freyer hast du! Ich weiß da nichts bessers bey anzufangen als – grade in unsere Kirche. Da im Kreuzgange – warte, da stehn ja die Ratsgestühle und eine große Frau Gerechtigkeit davor in Stein gehauen, potz tausend – da will ich ein paar Dielen aufheben, und – aber hör gute Gerechtigkeit, halt mir Wache dabei, in der Tat, das könnte doch jeden verwegnen Buben zurück schröcken, wenn die blinde Frau da mit dem gewaltigen Schwerdt – ja, das will ich auch wirklich tun, – aber – ich verlaß mich auf deine Gerechtigkeit, Gerechtigkeit! Ich vertrau es dir auf dein Gewissen –

VIERTER AKT

Erste Szene

Crispin.

CRISPIN: Armer junger Herr! Wenn du mich auch nicht hättest! Es ist doch in der Tat wahr, daß ein rechtschaffener Bediente allemal ein Kleinod ist, das in Rubinen und Diamanten sollte eingefaßt werden. Es geht den jungen Herrn recht wie den jungen Hunden die man ins Wasser wirft schwimmen zu lernen, wenn der Strick nicht an ihrem Hals wäre an dem man sie herauszieht, sie müßten jämmerlich ertrinken. Ohne Ruhm zu melden bin ich wohl so etwas von Strick an Leanders Halse, er schickt mich per Exempel her zu sehen und auszuspionieren, was Jungfer Fieckgen macht, ob ihre Entbindung noch weit bevorsteht und dergleichen, und was der Herr Splitterling dazu sagen wird wenn er die Entdeckung macht, und wie sie sich dabey nehmen wird und was der ehrsame Herr Keller dazu für ein Gesicht machen wird, und wenn ich schlimme Nachrichten ihm bringe – stracks soll ihm die Kugel durch den Kopf. Wenn ich nun nicht ein so unvergleichliches Gemüt hätte, so dürft ich ja nur in der Geschwindigkeit ein kleines schlimmes Nachrichtchen ersinnen, so wär ich ja meinen jungen Herrn loß im Augenblick und könnte meinen Schnitt vortrefflich dabey machen, denn ich hab mir sagen lassen in England wenn die Lords so was vor haben, so fühlen sie in den letzten Augenblicken eine so große Zärtlichkeit und Mitleiden für ihre Bedienten, daß sie die Uhr und die Börse heraus ziehn und sie ihnen zum Andenken verehren. Aber zu alledem denk ich viel zu honett dazu und damit meinem armen Leander die Gedanken vom Totschießen vergehn, so will ich ihm lieber gar keine Nachricht bringen, so ist mein Gewissen rein von seinem Blut. Ich will hier derweile auf die Treppe niedersitzen und ein paar Augenblicke schlafen, bis sich alle die Sachen von selbst gefügt haben, das ist's allerbeste was ich tun kann, mein Beichtvater selbst würde mir keinen bessern Rat haben geben können. *(Setzt sich auf Kellers Treppe.)*

Zweite Szene

Keller.

KELLER *(sich immerfort umsehend)*: Du – nimm dich in Acht, Blinde! Daß du mir niemand sagst, wo ich ihn habe – ich bin nicht bange, daß ihn jemand finden wird, ich hab ihn gar zu wohl verwahrt – Hey der würd

einen schönen Fund machen, der dich fände schwerer, schwerer Geldtopf – aber ich bitte dich Gerechtigkeit! Sorge du dafür! Nun ich will doch gehn und mich auch schmuck machen, weil mein Schwiegersohn es so haben will – Aber ich bitte dich Gerechtigkeit – noch einmal, liebe Gerechtigkeit! Mach, daß ich mein Geld gesund und wohlbehalten wieder antreffe. Ich will's auch der ganzen Welt sagen, welch eine ehrliche Gerechtigkeit du bist –
CRISPIN *(hat sich ihm langsam vorbeygeschlichen)*: Was hab' ich gehört – er hat sein Geld in die Kirche gebracht – warte, sobald er in's Hauß hineingeht – das war der Himmel, der mich so eben zu rechter Zeit hieher schickte – o wenn ich's finde, ich bitte dich Gerechtigkeit, noch einmal liebe Gerechtigkeit, mach daß ich's finde, ich will auch gleich im ersten besten Bierhauß deine Gesundheit dafür trinken – *(Geht auf die Kirche zu.)*
KELLER: *(kommt zurück)*: Seht was da für Dohlen über der Kirche fliegen, ich glaub, es ist nicht so ganz richtig, das Herz schlägt mir – lauf Keller lauf Keller. *(Im Grunde des Theaters erhascht er Crispin, der eben in die Kirche gehen wollte.)*

Dritte Szene

Keller. Crispin.

KELLER: Halt, du Kobold, du Rübezahl, wo bist du hergekommen, wo willst du hin, wer bist du, was ist dein Begehr –
CRISPIN: Herr, ich bitte Sie, was haben Sie im Kopf! Was würgen Sie mich, was kratzen Sie mich?
KELLER: Fragst du noch, du höllischer Proteus, fragst du noch – Diebe! Diebe! Dreydoppelte Diebe –
CRISPIN: Was hab ich gestohlen?
KELLER: Was du mir gestohlen hast? Her damit, heraus damit –
CRISPIN: Womit?
KELLER: Fragst du noch?
CRISPIN: Was wollen Sie?
KELLER: Hör, giebs nur her, du kommst mir nicht von der Stelle, giebs nur her.
CRISPIN: Haben Sie mir was gegeben?
KELLER: Ich scherze nicht, her damit.
CRISPIN: So nennen Sie mir's doch, ich weiß ja nicht, wovon Sie reden.
KELLER: Weise mir deine Hände.
CRISPIN: Warum denn?

KELLER: Deine rechte Hand.
CRISPIN: Da ist sie.
KELLER: Weise her.
CRISPIN: Da ist sie ja.
KELLER: Nein, nein, die andre.
CRISPIN: Da ist sie.
KELLER: Nein, nein, die dritte.
CRISPIN: Sie sind nicht gescheidt. Herr, Sie sollen mir Satisfaktion geben.
KELLER: Ja, ja, ich will. Ich will dich hängen lassen, wo du nicht bekennst.
CRISPIN: Was bekennst? Sind Sie von –
KELLER: Was du hier aus der Kirche herausgetragen hast.
CRISPIN: Auf meine Parole d'Honneur, Herr Keller, ich weiß von nichts.
KELLER: Geschwind, zieh dich aus.
CRISPIN: So? Was Sie nicht wollen? Weil Sie es befehlen, nicht?
KELLER: Du hast's in den Beinkleidern.
CRISPIN: Suchen Sie nach.
KELLER: Du hast's – hm! – nein, nein, ich kenn euch Taschenspieler, weis' mir deine rechte Hand.
CRISPIN *(hält sie ihm hart unter die Nase)*: Da –
KELLER *(räuspert sich)*: Nein nein, die linke –
CRISPIN: Da –
KELLER: Nein nein, die – Nein ich will nicht mehr nachsuchen, gesteh mir's mit Gutem lieber Freund.
CRISPIN: Wahrhaftig Sie rasen.
KELLER: Spaßt nur nicht, ich weiß doch, daß ihr's habt.
CRISPIN *(stößt ihn)*: Was soll ich denn haben zum tausend Teufel.
KELLER *(von weitem, etwas schüchtern, legt beide Hände in die Seite)*: Meynst? Ich soll dir's wohl auf die Nase binden? Gieb das zurück was du von mir hast, du weißt wohl.
CRISPIN *(geht auf ihn zu)*: Hat Er mich nicht visitirt, hat Er mich nicht.
KELLER: So geh nur – geh denn nur – nein nein nein nein, bleib, sag mir doch, sag mir doch, wer war mit dir in der Kirche dort?
CRISPIN: Wer war dort?
KELLER: Wer war dort?
CRISPIN: Ha ha ha – ich frage Sie, denn hohl mich alle Welt Teufel, ich weiß von nichts.
KELLER: Ich Unglücklicher, ich Elender, nun wird der drinnen aufscharren, derweilen ich diesen hier draussen festhalte. So geh doch nur – geh doch nur.
CRISPIN: Nein, Herr, es geht sich nicht so gleich: ich will Reparation d'Honneur.

KELLER: Geh doch, ich tue dir ja nichts, ich sage gar nichts, laß mich doch –
CRISPIN: So werd ich mich bey Ihnen ums Trinkgeld melden –
KELLER: Komm mir nicht unter die Augen. *(Reißt sich von ihm loß und geht ab.)*
CRISPIN: Den beschnell ich heut so gewiß als ich Crispin heisse, gewiß wird er's dort nicht mehr trauen, und es anderwärts in Verwahrung bringen wollen – das ist eben was ich wünsche, ich will hier auflauren – o ho, die Tür geht auf, da hör ich ihn schon keuchen – ich will mich derweil in Winkel stellen –
KELLER *(mit dem Topf, ganz eräschert)*: Ich dachte doch, der Gerechtigkeit könnte man trauen – aber sie ist mir auch die rechte. *(setzt sich nieder und ruht aus.)* Wenn die Dohlen nicht gewesen wären! – Gar zu gern wollt' ich, daß eine von ihnen zu mir käme, ich wollt' ihr auch recht was Gutes – wünschen. Nun muß ich mich doch mit mir selber beratschlagen, wo ich nun mit dir hin soll mein allerliebster Topf! Ich wollt' ich hätt' einen Schlund darnach, gleich schluckt' ich dich herunter wie eine Pille, denn auf der bösen, verderbten Welt, in dem Jammertal, ist ja kein ehrlicher Mann in der Kirche selber nicht sicher, daß er nicht bestohlen und ermordet wird. Wart – stille – Dort auf der Nordseite der Kirche, da steht das Beinhauß und dicht dabey ein fürchterlicher alter Eichenbaum, die Haut schauert mir allemal, wenn ich allein vorbeygehe, da drunter, da drunter – *(Rafft sich auf und hinkt ab.)*
CRISPIN: Und ich dadrauf – ich will ihm von dieser Seite voranlaufen – *(Ab.)*

Vierte Szene

Frau Heup. Leander.

LEANDER: Jetzt wissen Sie alles Mama! Wenn Sie meinen Tod nicht wollen, so reden Sie mit meinem Onkel.
FRAU HEUP: Das ist mir ja zu lieb mein Kind, ich wollte, daß sie zehn Kinder von dir gehabt hätte, daß Splitterling sie nur nicht heiraten darf. Denn er soll sie nicht heyrathen, und er soll nun seinen Willen nicht haben und wenn's mir den Kopf kosten sollte. Und er soll die Jungfer Inselinnen heyrathen und er muß sie heiraten, zwanzigtausend Gulden zum Kuckuck hebt man nicht von der Straße auf, oder ich will keine ehrliche Frau mehr heißen. Aber sag mir doch, das ist gar zu gut, daß es der Himmel so verhängt hat, daß du so nahe Bekanntschaft mit der Jungfer Keller gemacht, sag mir doch, ist sie wirklich schon in andern Umständen,

das wäre mir ja gar zu lieb, es ist im neunten Monat sagst du, wart, wir wollen doch herüber gehn und ich will ihr Rat geben, wie eine Mutter. Was ist das? Hörst du, das ist ihre Stimme? Hier oben aus ihrer Schlafkammer –
LEANDER: O gerechter Himmel! Ich errate dieß – *(Zieht den Degen.)* Lassen Sie mich sterben –
FRAU HEUP: Laß doch nur sein, Narre, laß doch nur stehen, steck doch wieder ein – du bist nicht klug, wenn sie dir angetraut wird, ist alles wieder gut gemacht – Aber sag mir doch, was denkst du denn mit ihr anzufangen wenn sie dein ist, wovon willst du sie ernähren.
LEANDER: Lassen Sie mich sterben.
FRAU HEUP: Sterben, Hans Narre! Als wenn's damit gut gemacht wäre, das wäre mir, du könn'st mir das ganze Spiel verderben noch obenein. Hör nur, laß mich nur machen, du weißt, ich bin eine arme Wittfrau, ich kann dir keinen Heller geben, aber ich will mit Splitterling sprechen, ich will sehn, was mit deinem Onkel zu machen ist, wenn er hört, daß sie eben jetzt mit einem Kinde von dir entbunden ist, so wird er andere Sayten aufziehen, das bin ich gewiß und vielleicht wird der Hochzeitsschmauß den er drüben anrichten läßt, noch dein Hochzeitsschmauß, laß mich nur machen, gewiß und wahrhaftig, es konnte sich artiger nicht zusammen schicken.
LEANDER *(küßt ihr die Hand)*: Englische Mutter!
FRAU HEUP: Komm nur mit herein, und tu deinem Onkel einen Fußfall, er wird sich sagen lassen –
LEANDER: Ich darf nicht –
FRAU HEUP: Ey was, wird er dich denn fressen?
LEANDER: Gehn Sie nur voran Mama, ich komme den Augenblick, ich will nur noch meinen Bedienten erwarten, ich habe ihn hineingeschickt, sich nach Mamsell Fieckgens Befinden zu erkundigen. *(Frau Heup geht hinein.)* Ich will den ersten Sturm nur vorübergehen lassen, wenn er hört, daß seine Braut von mir entehrt worden – o Himmel! Welche Bangigkeit! Wo bleibt der verzweifelte Crispin denn? Es ist schon über eine halbe Stunde, daß ich ihn – vielleicht sitzt er im Hirsch und läßt mich den ganzen Abend warten, ich will ihn doch aufsuchen, den Hundejungen. *(Ab.)*

Fünfte Szene

Crispin.

CRISPIN *(auf der andern Seite, den Geldtopf auf dem Kopf)*: He, Leute, die ihr von goldenen Bergen träumt, seht hierher, wie ich träumen kann.

Glückseliger Tag! Glückselige Mutter die mich gebar! Glückseliger Biersieder, der von mir lösen wird. Was sind Könige und Prinzen gegen mich! Aber das konnt auch nur solch ein Kopf wie mein Kopf, auf dem Baum zu sitzen und zu sehn wo der andre seinen Schatz unter'm Baum hin verscharrt – Aber – da hör ich ihn selbst, deucht mir – ich muß nur in's Hauß hinein, und meine Prise flugs in den Hafen bringen, sonst ist der Henker loß. *(Läuft zur Frau Heup hinein.)*

Sechste Szene

Keller.

KELLER *(in erbärmlichem Zustand: rauft sich das Haar)*: Ich bin todt, ich sterbe, ich bin erschlagen. Wohin lauf ich? Wohin lauf ich nicht? Haltet auf! Wen? Wer? Ich sehe nichts, ich weiß nichts, ich bin blind, ich weiß nicht mehr wo ich bin, ich bitte euch, helft mir, ich bitt' und beschwöre euch, helft mir, und zeigt mir den Menschen der's weggetragen hat, sagt mir wie gieng er, was für Haar hatt' er, sagt mir, sagt mir, sagt mir – was sagst du? Weißt du's? Du hast ein ehrlich Gesicht, ich will dir glauben, sage mir nun – was lacht ihr? Ich weiß, daß ihr alle Spitzbuben seyd, ihr seyd alle Diebe, hat's niemand unter euch? Ich schlag euch todt, wer's hat? Wißt ihr's nicht? O ich Elender, Elender! Wie geht man mit mir um? Ich schlag euch alle tot, wenn ihr mir's nicht sagt – Was für Jammer muß ich heut erleben, o weh mir, was ist das für ein Tag! Was ist das für ein Tag! Verhungern muß ich, verschmachten muß ich, ich bin der unglücklichste Mensch auf dem Erdboden. Habt ihr kein Mitleiden, ihr Gott'svergessenen, was für Freud hab ich noch länger zu leben, da mein Geld verloren ist? Was hab ich dir getan, Geld, hab ich dich nicht bewacht, du gott'svergessenes Geld! Warum bist du mir denn untreu geworden? Ich habe selber Schuld, ich hätt dich nicht sollen ausgraben, ich habe mich selber bestohlen: nun sollen andere Leute es durchbringen, es durch die Gurgel jagen – ich kann es nicht länger aushalten. *(Wirft sich an die Erde.)*

Siebente Szene

Leander. Keller.

LEANDER: Ich find ihn nirgends – aber – gütiger Himmel, welch ein Schluchsen und Heulen hör ich hier vor der Tür? Wer wälzt sich dort am Boden? – Er selber, Keller – es ist klar, seine Tochter wird entbunden seyn, eben da er sich schmeichelte sie auf zeitlebens versorgt zu sehen – Ich Scheusal! Was soll ich tun? Mich ihm zu Füßen werfen? Fliehn – nein, ich will mich der ganzen Wut seiner Verzweiflung aussetzen, ich will zu seinen Füßen sterben, ich weiß selbst nicht, was ich will – *(Wirft sich bey ihm nieder.)*
KELLER *(weint und schluchst)*: Wer ist da?
LEANDER: Ein Unglücklicher –
KELLER: Ja hier ist einer – hier ist einer – alles verloren – alles.
LEANDER: Beruhigen Sie sich.
KELLER: Wie kann ich?
LEANDER: Das Verbrechen, das Ihnen soviel Kummer macht – ich bin der Täter.
KELLER *(richtet sich hastig auf)*: Du!
LEANDER: Ich!
KELLER: Du! – *(Faßt ihn an.)* Abscheulicher Mensch!
LEANDER: Der Himmel hat es so verhängt – ich bin zum Unglück geboren.
KELLER: Gotteslästerer!
LEANDER: Ich bin ein Verbrecher, aber ich kann alles wieder gut machen, beruhigen Sie sich. Können Sie mir verzeyhen.
KELLER: Sag mir, du Bösewicht, wie hast du dich unterstehn können, etwas anzurühren das nicht dein gehörte? Mich und mein ganzes Haus ins Unglück zu stürzen?
LEANDER: Ich bitte Sie, vergessen Sie das. Geschehene Dinge sind nicht zu ändern. Es ist der Wille des Himmels so gewesen.
KELLER: Daß ich krepiren sollte?
LEANDER: Aber, Herr Keller. –
KELLER: Daß ich mich aufhängen sollte –
LEANDER: Ich gesteh's, das Verbrechen war groß, aber Ihre Einbildung, vergeben Sie mir, macht es Ihnen noch größer und gigantischer.
KELLER: Wer hieß dich das Meinige anrühren, Böswicht?
LEANDER: Die Liebe, der Wein –
KELLER: Ist das eine Entschuldigung, die Liebe, der Wein, also geh hin und brich den Leuten am hellen Tage die Kramläden auf, die Liebe, der Wein, das weiß ich wohl, Verräter, daß du Liebe zu meinem Gelde gehabt hast, ist das eine Entschuldigung, die Liebe, der Wein?

LEANDER: Können Sie mir nicht verzeyhen?
KELLER: Verzeyh dir's der böse Feind! Da brennt er sich noch weiß, der Bube! Da du wußtest, daß es mein gehörte, hättest du's nicht ansehen sollen, geschweige denn –
LEANDER: Da ich's aber einmal berührt habe, ich beschwör Sie, so lassen Sie mich's ewig besitzen.
KELLER: Bist du toll? Wider meinen Willen!
LEANDER: Mit Ihrem Willen lassen Sie mich's besitzen! Ich habe das meiste Recht drauf.
KELLER: Er will mich rasend machen. Ich kratz dir die Augen aus dem Kopf heraus, Canaille, wo du mir's nicht den Augenblick zurückbringst!
LEANDER: Zurückbringst – wovon reden Sie?
KELLER: Wovon ich rede? Wovon ich rede? Was du mir gestohlen hast – oder den Augenblick in den Turm.
LEANDER: Ich Ihnen gestohlen – wo denn? Was denn?
KELLER: Meinen Geldtopf, du hast mir's ja eben gestanden.
LEANDER: Ich will des Tods seyn, wo ich von einem Geldtopf –
KELLER: Läugnest du –
LEANDER: Ich weiß von keinem Geldtopf.
KELLER: Der Teufel soll dich holen. Dort unter'm Eichenbaum, bey'm Beinhaus – geh nur, hör einmal, bring ihn nur her, es soll dir kein Leids geschehen, bring ihn nur her, ich will mich anstellen, als ob du ihn nicht gestohlen hättest, bring nur, ich will ihn mit dir auf die Hälfte teilen.
LEANDER: Sie sagen mir lauter Rätzel, ich schwör's mit dem heiligsten Eide, daß ich von alledem nicht eine Sylbe begreife. Eine andere Sache von Wichtigkeit trieb mich hieher: Ihre Tochter – doch Sie hören mich nicht.
KELLER *(weint von neuem)*: O, ich verlorner Kerl!
LEANDER: Etwas, das uns beyde angeht – Ihre Tochter –
KELLER: Auf dein Gewissen, hast du mir's nicht gestohlen?
LEANDER: Was gestohlen?
KELLER: Weißt auch nicht, wer mir meinen Geldtopf gestohlen hat? –
LEANDER: Bey'm Himmel, ich weiß es nicht.
KELLER: O ich elender Kerl!
LEANDER: Werden Sie mich nicht hören.
KELLER: Geh mir vom Leibe – was willst du?
LEANDER: Wenn ich nicht die Ehre haben sollte von Ihnen gekannt zu werden – Herr Splitterling ist mein Mutterbruder.
KELLER: Was willst du?
LEANDER: Sie haben eine Tochter?
KELLER: Was?
LEANDER: Sie haben Sie meinem Mutterbruder versprochen.
KELLER: Nun.

LEANDER: Ich muß Ihnen von seinetwegen sagen, daß aus der Heyrath nichts werden kann.
KELLER: Nichts werden? Das will ich doch sehen: da alles gerüstet dazu ist? Da ich mein Geld drüber verloren habe? Es ist klar, er hat's mir stehlen lassen, er hat nur eine Gelegenheit gesucht, mit mir bekannt zu werden, damit er hinter meine Geheimnisse kommen möchte, und nun hat er seine Absichten erreicht und nun läßt er mir den Kauf aufsagen, oho wer das nicht merkt, aber es soll ihm nicht gelingen, es soll ihm nicht gelingen, er soll mir an den Pranger, er soll mir in den Turm, er soll mir auf's Rad der spitzbübische alte Hagestolz, der, wen meynt er, daß er vor sich hat, ein Kind, einen Narren?
LEANDER: Ich bitte Sie um's Himmelswillen Herr Keller, lassen Sie sich doch von Ihrem Affeckt nicht so dahinreissen, hören Sie mich aus, mein Onkel hat die besten Absichten von der Welt, er will nichts als die verlorne Ehre Ihrer Tochter wiederherstellen. Ich bin der Umglückliche, der sie ihr in einem fatalen Augenblick raubte, als Wein und Liebe und Gelegenheit vereinigt, mich wider meinen Willen zum Verbrecher machten. Ich besuchte voriges Jahr eine meiner Tanten in der Weinlese, Ihre Tochter war auch dort, ich belauschte sie an einem Abend, als sie sich im dunkeln Garten allein glaubte, im Bade.
KELLER: Was für ein Bubenstück erzehlst du mir da?
LEANDER: Zürnen Sie nicht, es ist nur ein Tausch, ich trete jetzt in die Rechte meines Onkels, der Ihnen aus eben dieser Ursache –
KELLER *(stößt ihn)*: Ich will aber den Tausch nicht, ich will nicht! Wovon wollt Ihr Kerl eine Frau ernähren? Herr Splitterling mir den Kauf aufsagen – wir wollen doch sehen, es soll ihm Haab und Gut kosten, er soll mir alle meine Unkosten ersetzen, meinen Verdruß auch den ich all heut gehabt habe, meinen Schatz auch, den ich ihm zu Gefallen verloren habe, meine Tochter auch und ihre Ehre – wir wollen doch sehen – ich will nur gleich nachhören, ob's wahr ist, was ihr mir da gesagt habt, und dann soll's vor den Richter, oder ich – *(geht hinein.)*
LEANDER: Folg ich ihm? – Was wird Fieckchen von ihm auszustehen haben? – Ja – aber vorher will ich doch auf einen Augenblick zu meiner Mutter und sehn, was sie ausgerichtet hat. Eine große Frage, ob Splitterling noch so willig ist, mir sein Recht abzustehen.

FÜNFTER AKT

Erste Szene

Splitterling. Leander.

SPLITTERLING: Verlaß dich nur auf mich, es gilt mir gleich, ob ich als Ehemann oder als Vater für Fieckgen sorge, ich habe sie nie gesehen, ich hab sie ja nur aus deinem Munde geliebt, denn in der Tat alle die kleinen Historien die du mir von ihr erzehlt hast, sind mir bis ins Innerste der Seele gedrungen und solch ein Mädchen glücklich zu machen, könntest du mich durch's Feuer jagen. Ich hab in der Tat keine solche Paßion für's Heyrathen, als deine Mutter mir zutraut, ich bin aus den Tändeljahren heraus, wo Witz und tausend feine Gefühle uns zu Gebote stehn, den Herzen der Mädchen durch Lust und Schmeicheley Netze auszustellen. Also – das will ich dir und deines gleichen überlassen und mich an eurem Glück ergötzen, an eurem Feuer wärmen. Besser könnt ich mein Vermögen nicht anlegen, schweig nur still und sag deiner Mutter nichts, sie hat ausschweifende Projeckte im Kopf, ich kann ihr ja die Freude gönnen, sich mit Hofnungen und Phantasien zu schmeicheln, die ich nie wahr machen werde. Sie würde sonst Langeweile haben.
LEANDER: O mein Onkel! Mein Onkel! Was sind Sie für ein Mann –
SPLITTERLING: Hör einmal, aber daß wir's nicht vergessen, einen Geldtopf, sagte der alte Keller, einen Topf mit Geld, hast du das eigentlich gehört –
LEANDER: Ja, Onkel, das sagt' er, und es war eine der lustigsten Szenen die ich in meinem Leben gesehn habe, wenn ich nur imstande gewesen wäre, lustig dabey zu seyn.
SPLITTERLING: Mein Heinrich erzehlte mir als er mich frisirte, da hätte dein Crispin eben einen Topf voll Geld gefunden.
LEANDER: Mein Crispin – o das wäre – ich will gleich nachsehen –
SPLITTERLING: Laß nur seyn – geh zu Kellern und such' ihn zu besänftigen, sag ihm, ich wolle für dich und seine Tochter als ein Vater sorgen, sag ihm aber nichts vom Geldtopf, ich werde die Sache untersuchen, und hernach meine Maasregeln nehmen – geh nur – *(Beyde von verschiednen Seiten ab.)*

Zweite Szene

Crispin. Splitterling.

CRISPIN *(taumelnd, hernach Splitterling)*: Bm! – der Kerl hat ein gut Bier – gut Bier in der Tat – aber – ich will doch alle Abend zu ihm gehn – aber – aber in was für unendlichen Gunsten muß ich doch bey dir stehn, du gerechter Himmel. – Ich sagte zum Laurenz, ich wollte wohl wetten, hundert gegen eins, zum Laurenz sagte ich, was parieren wir Laurenz, daß der Himmel in der ganzen Stadt keinen Menschen so lieb hat als mich. Soviel Geld und das wie im Schlaf, ohne daß ich selbst fast weiß, wie. – Halt, halt – da kommt ja Herr Splitterling – o ho, wie brastig! Das macht weil er reich ist, ich bin wohl eben so reich als er, ich will ihm das sagen, ich will ihm erzehlen, daß ich seinem Neffen nicht länger dienen kann, weil ich von meinen Renten leben will – *(zuckt nachläßig den Hut.)* Herr Splitterling – ich habe gefunden –
SPLITTERLING: Nun?
CRISPIN: Gefunden.
SPLITTERLING *(hebt den Stock)*: Nun Monsieur.
CRISPIN: Keine Kleinigkeit, Monsieur! Wissen Sie mit wem Sie sprechen?
SPLITTERLING: Bist du wahnwitzig geworden?
CRISPIN: Herr Splitterling, *pro primo,* muß ich Ihnen sagen, daß ich mich Ihnen und Ihrem Herrn Schwiegersohn zum schönsten empfehle, weil ich mich zur Ruh begeben will, weil ich auf meine Güter gehen will, und weil ich in der Welt entsagen will, und *pro sexto,* weil ich heute gefunden habe – werden Sie nur nicht ohnmächtig für Mißgunst.
SPLITTERLING: Was hast du gefunden?
CRISPIN: Die Schlüssel des Himmelreichs, Herr Splitterling, die Schlüssel des Himmelreichs – und jetzt, unter uns gesagt, wollen wir als gute Freunde leben.
SPLITTERLING: Unter uns gesagt – werd ich Dich aufhängen lassen.
CRISPIN: Was denn? – – daß Sie doch nicht Scherz verstehn. Ich habe ja nur vexieren wollen, ich weiß nicht wie Sie auch heute sind, ich habe nur sehen wollen, wie Sie sich dabey anstellen würden.
SPLITTERLING: Wenn ich aber eben jetzt in vollem Ernst auf deiner Kammer gewesen wäre und einen Geldtopf unter deinem Bett gefunden hätte, wenn ich erfahren hätte, daß er unserm Nachbarn Keller gehört, der darüber fast rasend geworden ist –
CRISPIN: Ja so – *(bey Seite)* Alles ist verraten.
SPLITTERLING: Mir aus den Augen Nichtswürdiger! Dank es meinem Neffen und der Güte die er allezeit für dich geäussert hat, daß ich dich nicht im flächsenen Halsschmuck zur Ruh schicke und der Welt entsagen

lasse. Und dich nimmermehr wieder in dieser Stadt sehen lassen! Oder ich werde der Gerechtigkeit meinen Arm leyhen, dich anzuhalten und zu strafen.
CRISPIN *(seufzt tief)*: Adieu Biersieder! *(Läuft fort.)*

Dritte Szene

Splitterling. Leander kommt mit Kellern heraus.

KELLER: Nichts davon, er hat nun sie angesprochen und er soll und muß sie heyrathen und wenn sie drey und dreyssig Kinder gehabt hätte.
SPLITTERLING *(tritt zu ihm)*: Wer Herr Keller, wer?
KELLER: Sie Herr, Sie – ist das eine Aufführung? Ist das erlaubt? Warten Sie nur! Es soll alles vor den Richter – mir in allen Formalien um mein Mädchen anzusprechen, mir einen förmlichen Ehkontrackt aufzurichten, mir – Warten Sie nur.
SPLITTERLING: Was ich vorhin für mich tat, das tu ich itzt für meinen Neffen.
KELLER: Gott und Herr, was geht Ihr Laffe mich an? Hat er um meine Tochter angesprochen? Hat er einen Ehkontrackt mit mir gemacht?
SPLITTERLING: Sie werden doch nicht verlangen, daß ich die Frau meines Neffen heyrathen soll.
KELLER: Wer sagt Ihnen, daß sie seine Frau ist? Hat er einen Ehkontrackt mit mir gemacht? Wenn er Ihrer Braut was angehängt hat, mag er zusehn, wie er zurecht mit Ihnen kommt. Es bleibt doch in der Freundschaft.
SPLITTERLING: Ich sehe wo Sie hinaus wollen, Herr Keller – ich weigere mich auch nicht, Ihnen Abtrag zu geben.
KELLER: Alles muß mir ersetzt werden, alles – meine Unkosten, die ich zur Hochzeit gemacht habe und mein Schatz den ich drüber verloren habe und meine Tugend und meine Ehre, oder wollt ich sagen, meiner Tochter Tugend, kurz alles miteinander, summa summarum, ich lasse mir keinen Heller abdisputiren.
SPLITTERLING: Sie müssen mich wohl für ein rechtes Kind halten, daß Sie mir glauben machen wollen, die Obrigkeit werde so ungehirnte Foderungen begünstigen – Kurz und gut, Herr Keller, Sie haben zu wählen; wollen Sie processen, ich kann's mit Ihnen ausführen, aber Sie processen sich um Hauß und Hof, um Ihren letzten Rock, den Sie auf dem Leibe haben. Oder wollen Sie meine Vorschläge annehmen, die Sie auf einmal vernünftig, billig und glücklich machen. Antworten Sie mir grad zu, ja oder nein.

KELLER: Sie haben mir meinen Geldtopf stehlen lassen – alles soll vor den Richter.
SPLITTERLING: Sie sind nicht klug – wissen Sie daß eine solche Beschuldigung, wenn Sie mir sie nicht wahr machen, Sie auf die Galeeren bringen kann.
KELLER *(weint)*: Ich weiß, daß ich ein geplagter armer Mann bin und daß Gott die Frommen nicht verläßt und daß er meine Feinde zu Schanden machen wird und daß – und daß – es sind dem Höchsten leichte Sachen und gilt dem Höchsten alles gleich –
SPLITTERLING: Ich sehe, daß mit Ihnen nicht auszukommen ist – Heinrich! Bringt mir den Geldtopf heraus, der in's Crispins Kammer steht. In diesem Augenblick hab ich Ihrem Diebe seine Beute abgejagt und gebe sie Ihnen jetzt wieder, nachdem ich eine Hälfte für Ihre Tochter abgenommen, die ich unter der Bedingung, daß sie meinem Neffen die Hand giebt, zur einzigen Erbin meines ganzen Vermögens einsetze, denn was meine Schwester betrifft, so laß ich ihr das Hauß das sie jetzt bewohnt nebst tausend Talern, die ich als ein Present ihr bey Seite gelegt.
HEINRICH *(stellt einen Topf auf das Theater. Keller fällt drüber her.)*
KELLER: O mein Geld, mein Geld, mein Geld – aber die Hälfte für meine Tochter abgenommen, das erlaub ich nimmermehr, nimmermehr.
LEANDER: Sie haben es schon erlaubt – erinnern Sie sich noch, als Sie vorhin vor Ihrem Hause sich am Boden wälzten und mich hießen, Ihnen den Schatz nur zurück zu bringen, Sie wollten ihn mit mir auf die Hälfte teilen.
SPLITTERLING: Sie werden sich doch schämen, Ihrer Tochter die Aussteuer zu versagen.
KELLER: Keinen Deut. Tugend ist die beste Mitgabe, das haben Sie mir vorhin selber gesagt.
SPLITTERLING: Gut, daß ich Sie beym Wort fasse, vorhin haben Sie mir für die Tugend Ihrer Tochter Bürgschaft geleistet –
KELLER *(steht heftig auf)*: Haben Sie nicht selber vorhin dort gestanden, an der Pfütze dort, da auf dem Flecken wo ich itzt hinspeye und haben wider die Aussteuer und wider die ausgesteuerten Frauen gepredigt. Pfuy, Sie sollen sich doch schämen so doppelzüngigt zu seyn.
SPLITTERLING: Es ist nun der Umstand, Herr Keller, daß mein Neffe arm ist und Geld dazu gehört, eine Haußhaltung einzufädeln. Und daß es gleichgültig ist, ob Sie bey zwanzigtausend oder zehntausend Gulden Schildwache stehn, ja, es geschieht Ihnen eine Wohltat, wenn man Ihnen Ihre Sorge und Angst um den halben Teil leichter macht, denn Ihr Schatz dient Ihnen doch zu keinem bessern Gebrauch als dem Tantalus seine Leckerbissen, mit denen ihn die Götter zu seiner Strafe beschenkten.

GEDICHTE

Gemälde eines Erschlagenen

Blutige Locken fallen von eingesunkenen Wangen;
furchtbar, zwischen Hilfe rufend geöffneten, schwarzen
Lippen laufen zwei Reihen scheußlicher Zähne, so ragen
Dürre Beine aus Gräbern hervor; die gefalteten Hände
Decket Blässe, die unter zersplitterten Nägeln zum Blau wird:
Denn im einsamen schreckenden Walde hat er sich ängstlich
Mit verlarvten Mördern gerungen: es hallten die Wipfel
Von seinem bangen Rufen und dem mördrischen Murmeln
Seiner Gegner; bald erlagen die Kräfte des Kämpfers,
Schlaffe Arme streckt er vergeblich, die tötlichen Aexte
Von seinem Haupt abzuhalten; sie, die sonst schüchterne Vögel
Aus den gefällten Bäumen verscheuchten, spalteten itzo
Grausam die Gehirnspritzende Scheitel des sterbenden Mannes,
Dessen Seele ungern vom röchelnden Busen emporstieg. –

Streifende Jäger fanden den zerzerrten Körper
In dem See von eigenem Blut, aus welchem die Gräschen
Ihre befleckten Spitzen scheu erhoben: sie brachten
Ihn der untröstbaren Witwe, die sein dunkles Auge
Noch zu bedauren schien: noch sichtbar war auf der Wange
Der sonst freundliche Zug, auf der verunstalteten Stirne
Die kennbare Runzel, die oft ein ahnender Kummer
In melancholischen Stunden drauf pflanzte. –

Aretin am Pfahl gebunden
mit zerfleischtem Rücken

Ihr hochwohlweisen Herrn Philanthropins
Auf Knien bitt' ich, hört die Tränen Aretins
Die Proben eurer Lieb' auf meinem Rücken
Verzeiht, sie können nicht mein Naturell ersticken
Ich bitte um ein Wort und sag' ich mehr
So lächelt eine Welt von Prügeln auf mich her
Bei dem was ihr verspracht aus unserm Volk zu machen
Fing mir das Herz im Leibe an zu lachen
Der Othem stund mir still, das Wasser lief
Mir aus dem Munde ellentief
Doch als ich so dem Ding ein wenig nachgedacht
Da ward, verzeih' mir's Gott, das Herz mir schwer gemacht
Das werden Köpfe nur ihr lieben Herrn! auf Erden
Ach lauter Drahtmaschinen werden
Das reitet ficht und tanzt nach euren Winken
Darf weder essen weder trinken
Noch schlafen noch verdaun als zur gesetzten Zeit
Und kackt sogar mit Sittsamkeit
Ihr Heilande der Welt habt's nie erfahren
Daß große Tugenden nie ohne Laster waren
Daß äußerlich Gepräg' nur schöngeschminkter Mist
Daß Schlaffigkeit das größte Laster ist.
Daß unser innrer Trieb das Beste aus uns machet
Und eurer siechen Kunst der Gott im Menschen lachet.
Das gäbe Püppchen nur nach eurem Bild geschnitzt
Mit schönfrisiertem Haar wo nichts darunter sitzt
Mit nimmer ruhigen, verwünschten Plappermühlen
Die noch für Gott, noch Welt, noch für sich selber fühlen
Lehrt ihnen was dafür und dann schickt sie nach Haus
So werde was da will nur nicht ein Affe draus.

Lied zum teutschen Tanz

O Angst! tausendfach Leben
O Mut! den Busen geschwellt
Zu taumeln zu wirbeln zu schweben
Als ging's so fort aus der Welt
Kürzer die Brust
Atmet die Lust
Alles verschwunden
Was uns gebunden
Frei wie der Wind
Götter wir sind.

An die Sonne

Seele der Welt, unermüdete Sonne!
Mutter der Liebe, der Freuden, des Weins!
Ach ohne dich erstarret die Erde
Und die Geschöpfe in Traurigkeit.
Und wie kann ich von deinem Einfluß
Hier allein beseelt und beseligt
Ach wie kann ich den Rücken dir wenden?

Wärme, Milde! mein Vaterland
Mit deinem süßesten Strahl, nur laß mich
Ach ich flehe, hier dir näher,
Nah wie der Adler dir bleiben.

WIE FREUNDLICH trägst du mich auf deinem
grünen Rücken
Uralter Rhein,
Wie suchest du mein Aug' empfindlich zu erquicken
Durch Ufer voller Wein,
und hab' ich doch die tausend Lustgestalten
Tief im Gedächtnis zu behalten
Nun weder Dinte noch Papier,
Nur dieses Herz das dich empfindet, hier!
Es scheinet fast, du liebest, Allzugroßer,
Nicht mehr der Maler Prunk, der Dichter Klang,
Es scheint, du willst wie Schlosser,
Nur stummen Dank.

An das Herz
(Zweite Fassung)

Kleines Ding, um uns zu quälen,
Hier in diese Brust gelegt!
Ach wer's vorsäh', was er trägt,
Würde wünschen, tätst ihm fehlen!

Deine Schläge, wie so selten
Mischt sich Lust in sie hinein!
Und wie augenblicks vergelten
Sie ihm jede Lust mit Pein!

Ach! und weder Lust noch Qualen
Sind ihm schrecklicher als das:
Kalt und fühllos! O ihr Strahlen,
Schmelzt es lieber mir zu Glas!

Lieben, hassen, fürchten, zittern,
Hoffen, zagen bis ins Mark,
Kann das Leben zwar verbittern;
Aber ohne sie wär's Quark!

WIE MACH' ich es? wo heb' ich Berge aus
Mich ihr zu nähern? wer kommt mir zu Hülfe
O wär' ich leicht wie Zephir, wie ein Sylphe
Ach oder dürft' ich in ihr Haus
Unmerkbar leise wie die Maus
O wär' ein Zaubrer da, mich zu zerschneiden, spalten
Mich tausendartig zu gestalten
Gönnt' er mir nur das Glück ihr Angesicht zu sehn
In tausend Tode wollt' ich gehn.
Die schwarzen Augen deren süßes Feuer
Zu Boden wirft was ihnen naht, der Schleier
Des unbezwungnen Geistes der von jedermann
Anbetung sich erzwingt, auch wer ihn hassen kann.
Das holde Mündchen, das so fein empfindet
So zärtlich liebet, das schalkhafte Kinn
Gebild't von einer Huldgöttin.

Pygmalion

An diesen Lippen, diesen Augen
Die Welt vergessend, hinzuhangen
Und aus den rosenroten Wangen
Des Lebens Überfluß zu saugen
An dieses Busens reiner Fülle
Die Schmerzen meiner Brust zu wiegen
Und auf des Schoßes Fried' und Stille
Mit tränenmüdem Haupt zu liegen

Das war mein Wunsch – das ist mein Grämen –
Und soll mir doch kein Schicksal nehmen.

LIEBE! SOLLTE deine Pein
Wert der Lust der Freundschaft sein?
Wenn ich deinen Dornen blute,
Wird bei ihr mir wohl zumute,
Und wie rächt's, wenn ich, Tyrann,
Deiner mit ihr lachen kann.

MIT SCHÖNEN Steinen ausgeschmückt
Von frohen Lichtern angeblickt
Da sitzest du vielleicht anitzt
Wo doch dein Auge heller blitzt

Und denkest nicht daß hier in Nacht
Ein ausgeweintes Auge wacht
Das überall wohin es flieht
Kein Mittel mich zu retten sieht

Dies Reißen in der Stirn und Brust
Der Todesbote meine Lust
Auch er, auch er läßt mich allein
Ach der Betäubung dumpfer Pein

Wo war ich doch, wer war ich doch
Gefühl voll Angst ich lebe noch
Ich dachte schon ich läg' in Ruh'
Und Freundeshand die deckte zu

Ach aber Freundeshand bringt mir
Den Kelch des Todes und von dir
Von dir von dir mehr als den Tod
Was überm Grabe schlimmer droht.

Fern und verachtet und mißkannt
Wo niemand weiß wer mich verbannt
Ach wie so glücklich ist der Mann
Der dir zu Füßen sterben kann

Ach wär's auch nur vor deiner Tür
Vorm Tor der Stadt – nicht aber hier
Wo ihn der Himmel selbst nicht kennt
Und kaum die Erd' ein Grabmal gönnt

ACH BIST du fort? Aus welchen güldnen Träumen
Erwach' ich itzt zu meiner Qual?
Kein Bitten hielt dich auf, du wolltest dich nicht säumen
Du flogst davon – zum zweitenmal

Zum zweiten Mal sah ich dich Abschied nehmen
Dein göttlich Aug' in Tränen stehn,
Für deine Freundinnen – des Jünglings stummes Grämen
Blieb unbemerkt, ward nicht gesehn

O warum wandtest du die holden Blicke
Beim Abschied immer von ihm ab
O warum ließest du ihm nichts, ihm nichts zurücke
Als die Verzweiflung und das Grab?

Wie ist die Munterkeit von ihm gewichen.
Die Sonne scheint ihm schwarz, der Boden leer,
Die Bäume blühn ihm schwarz, die Blätter sind verblichen
Und alles welket um ihn her

Er läuft in Gegenden, wo er mit dir gegangen
Im krummen Tal, im Wald, am Bach –
Und findet dich nicht mehr, und weinet voll Verlangen
Und voll Verzweiflung dort dir nach

Dann in die Stadt zurück, doch die erweckt ihm Grauen.
Er findet dich nicht mehr, Vollkommenheit!
Ein andrer mag nach jenen Puppen schauen
Ihm sind die Närrinnen verleidt

O laß dich doch, o laß dich doch erflehen
Und schreib ihm einmal nur – ob du ihn liebst –
Ach oder laß ihn nie dich wieder sehen
Wenn du ihm diesen Trost nicht gibst.

Wie? nie dich wiedersehn? – entsetzlicher Gedanke!
Ström alle deine Qual auf mich
Ich fühl' ich fühl' ihn ganz – es ist zuviel – ich wanke –
Ich sterbe Grausame – für dich –

WILLKOMMEN KLEINE Bürgerin
Im bunten Tal der Lügen!
Du gehst dahin, du Lächlerin!
Dich ewig zu betrügen.

Was weinest du? die Welt ist rund
Und nichts darauf beständig.
Das Weinen nur ist ungesund
Und der Verlust notwendig.

Einst wirst du, kleine Lächlerin!
Mit süßerm Schmerze weinen
Wenn alle deinen treuen Sinn
Gott! zu verkennen scheinen.

Dann wirst du stehn auf deinem Wert
Und blicken, wie die Sonne
Von der ein jeder weg sich kehrt
Zu blind für ihre Wonne.

Bis daß der Adler kommen wird
Aus fürchterlichen Büschen,
Der Welten ohne Trost durchirrt –
Wie wirst du ihn erfrischen!

Urania

Du kennst mich nicht
Wirst mich nie kennen
Wirst mich nie nennen
Mit Flammen im Gesicht.

Ich kenne dich
Und kann dich missen –
Ach mein Gewissen
Was peinigest du mich?

Dich missen? Nein
Für mich geboren –
Für mich verloren?
Bei Gott es kann nicht sein.

Sei hoch dein Freund
Und groß und teuer –
Doch, ist er treuer
Als dieser der hier weint?

Und dir mißfällt —
O Nachtgedanken!!
Kenn ihn, den Kranken
Sein Herz ist eine Welt.

BEBE, BEB' ihr auf zu Füßen
Frühlingserde, und ein Flor
Junger Veilchen sie zu grüßen
Keim' aus deinem Schoß hervor.

Sagt ihr, Veilchen, eure Wonne,
Daß ihr sie zu sehn gekriegt,
Sagt ihr daß in eurer Sonne,
Fern von ihr, ein Bruder liegt.

Die Liebe auf dem Lande

(Zweite Fassung)

Ein wohlgenährter Kandidat
Der nie noch einen Fehltritt tat,
Und den verbotnen Liebestrieb
In lauter Predigten verschrieb,
Kehrt' einst bei einem Pfarrer ein,
Den Sonntag sein Gehülf' zu sein.
Der hatt' ein Kind, zwar still und bleich
Von Kummer krank, doch Engeln gleich
Sie hielt im halberloschnen Blick
Noch Flammen ohne Maß zurück,
All itzt in Andacht eingehüllt,
Schön wie ein marmorn Heiligenbild.
War nicht umsonst so still und schwach,
Verlaßne Liebe trug sie nach.
In ihrer kleinen Kammer hoch
Sie stets an der Erinnrung sog
An ihrem Brotschrank an der Wand
Er immer, immer vor ihr stand,
Und wenn ein Schlaf sie übernahm
Im Traum er immer wieder kam.
Für ihn sie noch ihr Härlein stutzt,
Sich, wenn sie ganz allein ist, putzt,
All ihre Schürzen anprobiert
Und ihre schönen Lätzchen schnürt,
Und von dem Spiegel nur allein
Verlangt er soll ein Schmeichler sein.
Kam aber etwas Fremd's ins Haus
So zog sie gleich den Schnürleib aus,
Tat sich so schlecht und häuslich an,
Es übersah sie jedermann.
Zum Unglück unserm Pfaffen allein
Der Lilie Nachtglanz leuchtet ein,
Obschon sie matt am Stengel hing.

Früh eh er in die Kirche ging
Er sehr eräschert zu ihr trat
Und sie – um ein Glas Wasser bat –
Denn laut er auf der Kanzel schreit
Man hört ihn auf dem Kirchhof weit
Und macht solch einen derben Schluß
Daß Alt und Jung noch weinen muß,
Und der Gemeinde Sympathie
Ergriff zu allerletzt auch sie –
's ging jeder wie gegeißelt fort –
Der Kandidat ward Pfarr am Ort.

Ob's nun die Dankbarkeit ihm tat,
Ein's Tags er in ihr Zimmer trat,
Sehr holde Jungfrau, sagt er ihr,
Ihr schickt Euch übel nicht zu mir.
Ihr seid voll Tugend und Verstand,
Ihr habt mein Herz, da nehmt die Hand –
Sie sehr erschrocken auf den Tod
Ward endlich wieder einmal rot,
„Ach lieber Herr — mein Vater – ich –
Ihr findet Bessere als mich
Ich bin zu jung – ich bin zu alt –"
Der Vater kroch hinzu und schalt,
Und kündigt' Stund' und Tag und Mann
Ihr mit gefaltnen Händen an.
Wer malet diesen Kalchas mir
Und dieses Opfers Blumenzier,
Wie's vorm Altar am Hochzeittag
In seiner Mutter Brautkleid lag.
Wie's unters Vaters Segenshand
Mehr litt als es sich selbst gestand;
Wie's dumpf, nur ahndend seine Pflicht
Entzog den Qualen sein Gesicht,
Und tausend Nattern in der Brust
Zum Dienste ging verhaßter Lust.

Ach Männer, Männer seid nicht stolz
Als wärt nur ihr das grüne Holz,
Der Weiber Güt' und Duldsamkeit
Ist grenzenlos wie Ewigkeit.
Sie fand an ihrem Manne nun
All seinen Reden, seinem Tun
An seiner plumpen Narrheit gar
Noch was das liebenswürdig war
Sie dreht' und rieb so lang dran ab,
Bis sie ihm doch ein Ansehn gab,
Und wenn's ihr unerträglich kam
Nahm sie's als Zucht – für ihren Gram.

Ihr einzig Gut auf dieser Welt
Der Engel noch für Sünde hält.
Dem Mann gelind, sich selber scharf
Sie – Gott – nicht einmal weinen darf,
Sie kommt und bringt ihr Auge klar
Als sein geraubtes Gut ihm dar,
Und wenn er schilt und brummt und knirrt
Ihr leichter um das Herze wird,
Doch wenn er freundlich herzt und küßt,
Für Unruh' sie des Todes ist.

Denn immer, immer, immer doch
Schwebt ihr das Bild an Wänden noch,
Von einem Menschen, welcher kam
Und ihr als Kind das Herze nahm.
Fast ausgelöscht ist sein Gesicht,
Doch seiner Worte Kraft noch nicht
Und jener Stunden Seligkeit
Ach jener Träume Würklichkeit
Die, angeboren jedermann,
Kein Mensch sich würklich machen kann.

Parrows Ufer

Schottische Ballade.

Mein Bruder Douglas laß ihn stolzieren stolzieren,
Mit harten Worten mich bedräuen!
Mein's Liebeleins Blut ist an deinem Speer,
Wie kannst du gottloser Mensch nach mir freien?

Ja rüstet rüstet nur das Hochzeitsbett,
Ja deckt nur feine Leintücher drüber,
Ja macht nur auf die Tür dem Bräutigam
Und laßt ihn herein ins Schlafgemach kommen!

Aber wer ist wer ist der Bräutigam?
Sind seine Hände nicht naß, von Blut naß?
Und wer kommt hinter ihm, heil'ger Gott!
Bleich ein Gespenst ganz blutig blutig?

So bleich er ist, ach legt ihn her zu mir,
Sein kaltes Haupt auf meinem Kissen!
Nehmt ab nehmt ab die Hochzeitslumpen mir
Und bind't mir Rosmarin um die Schläfe!

So bleich du bist, ach doch mir lieb lieb lieb!
Ach könnt' ich Wärm' und Atem dir geben!
Lieg lieg die ganze Nacht an meiner Brust,
Wo noch vor dir kein Bube gelegen.

Bleich bleich in Wahrheit, liebe Liebe du!
Vergib vergib dem gottlosen Mörder
Und bleib mir liegen an dieser meiner Brust!
Dort soll kein Bube mehr nach dir liegen.

O komm komm wieder, trauriges Bräutlein!
Vergiß vergiß dein mächtiges Herzleid!
Dein Liebster hört deinen Seufzer ja nicht,
Liegt ja tot am Ufer vom Parro.

Fragment aus einer Farce die Höllenrichter genannt
einer Nachahmung der batrachoi *des Aristophanes*

Bacchus geht nach der Hölle hinunter, eine Seele wiederzuholen

DOKTOR FAUST *(einsam umher spazierend):*
In ewiger Unbehäglichkeit,
In undenkbarer Einsamkeit,
Ach! von nichts mehr angezogen,
Verschnauf' ich hier des Erebus Wogen.
Bittre Fluten, liebtet ihr mich,
Wär' ich in eurem Schoß' ersunken,
Hätte da Vernichtung getrunken;
Aber, ach! ihr haßtet mich!
Fühltet ihr, wie's mich gelabt,
Als ihr brennend mich umgabt,
Wie es kühlte meine Pein,
Mich von etwas umfangen zu wissen!
Von der Schöpfung losgerissen
Noch von etwas geliebt zu sein!
Aber, ach! betrogen, betrogen!
Auch ihr haßt mich, grausame Wogen!
Ist kein Wesen in der Natur,
Das, nicht lieben, nicht erbarmen,
Das mich grenzenlosen Armen
Bei sich dulden wollte nur?
BACCHUS *(tritt von hinten herzu und berührt ihn mit Merkurs Stabe)*: Mein Freund!
DOKTOR FAUST *(wendet sich um)*: Ihr Götter! *(Bacchus zu Füßen.)* Welche Stimme!
Kommst du vielleicht mit zehnfachem Grimme,
Großes Wesen, meiner Pein
Neue endlose Stacheln zu leihn?
Willst du eines Verzweifelten spotten?
Oder kömmst du, wie dein Gesicht,
Liebenswürdigster! mir verspricht,
Mich auf ewig auszurotten? –
Nimm meinen Dank und zögre nicht!

BACCHUS: Keins von beiden. – Dein Herz war groß –
Faust – – – du bist des Schicksals los,
Und, wenn dir die Gesellschaft gefällt,
Komm mit mir zur Oberwelt!
(Faust sinkt in einer Betäubung hin, die, weil sie der Vernichtung so ähnlich war, eine unaussprechliche Ruhe über sein ganzes Wesen ausbreitet.)

Nachwort

„In unsere deutsche Literatur muß der Sturm fahren, daß das alte, morsche Haus in seinen Gebälken, Wänden und Gliedern zittert. Wenn die Kerls doch einmal natürlich von der Leber weg reden wollten! Mein 'Hofmeister' soll sie in eine gelinde Angst jagen. Jagen, Stürmen ..... Blut muß sie in ihre aschgrauen, blassen alten Backen bekommen, die schöne Literatur. Was: schön? Schön ist nur das Wogende, das Frische. Ah, ich wollte Hämmer nehmen und drauflos hämmern. Der Funke, Goethe, der Funke! Die 'Soldaten', bilde ich mir ein, müssen so etwas wie ein Blitz werden, daß es zündet."

Dies temperamentvolle Bekenntnis legt Robert Walser in einem dramatischen Fragment von 1912 dem Dichter Jakob Michael Reinhold Lenz (1751-92) in den Mund. [1]). Sein Lenz faßt ein Literaturverständnis zusammen, das für die Sturm–und–Drang–Autoren Lenz, Klinger und wohl auch Wagner als typisch gilt.

Die deutschen Expressionisten, Autoren der Generation Robert Walsers, erklärten Lenz zu ihrem Vorläufer. Das klingt erstaunlich, ist aber kein Zufall: Lenz teilt mit den Expressionisten die Aufbruchstimmung, die Abkehr von überlebten Formen und die Suche nach einer Literatur, die ihr Lebensgefühl ausdrückt; der Vater–Sohn–Konflikt ist ihr gemeinsames Motiv. Zwischen 1910 und 1925 entdeckte man Lenz erneut für das Theater; berühmte Regisseure inszenierten „Der Engländer", „Die Freunde machen den Philosophen" und einige der Komödien nach Plautus.

Das Interesse ließ bald wieder nach. Die heutige Lage ist paradox: „Der Hofmeister" und „Die Soldaten" gehören zu den meistgespielten Klassikern auf deutschen Bühnen, wohl auch dank der Bearbeitungen von Bertolt Brecht und Heinar Kipphardt. Aber die anderen Stücke fehlen im Repertoire. In dieser Auswahl sind sie neu zu entdecken; wir hoffen, sie können erneut „zünden" und einschlagen, wie Robert Walser formuliert.

Walsers Feuer– und Himmelsmetaphern sind in der Lenz–Rezeption übrigens nicht neu. Schon Goethe charakterisierte damit den Jugendfreund: „Lenz jedoch, ein vorübergehendes Meteor, zog nur augenblicklich über den Horizont der deutschen Literatur hin und verschwand plötzlich, ohne im Leben eine Spur zurückzulassen."[2]). Die Bilder des Blitzes und des Meteors drängten sich wohl auf, weil Lenz, rastlos tätig, sein Werk in nur fünf Jahren schrieb. An dem anschließenden 'Verschwinden' hatte Goethe, was er in „Dichtung und Wahrheit" nicht erwähnt, maßgeblich Anteil: Er selbst ließ Lenz nach dessen oft umrätselter „Eselei" (so Goethes Tagebuchnotiz vom 26.11.1776) aus Weimar ausweisen. Für den war das jähe Ende der langjährigen Freundschaft, seiner wichtigsten persönlichen Bindung, ein schwerer Schlag. Er begann ein Wanderleben, seine Labilität fand kein Gegengewicht mehr. Etwa ein Jahr später brach Lenz' Wahnsinn erstmals aus, in Schüben. Freunde schickten ihn deshalb 1777 über die Vogesen nach Waldersbach; sie hofften, ein Aufenthalt beim dortigen Pfarrer Oberlin werde den Heilprozeß beschleunigen.

Zwei Generationen nach Lenz' Tod (1792) stieß der junge Georg Büchner – wie er 1835 an die Familie schreibt – auf „interessante Notizen" über einen Freund Goethes, einen unglücklichen Poeten namens Lenz. [3])
Er fand auch die Aufzeichnungen des Pfarrers Oberlin aus dem Steintal, bei dem Lenz vom 20. Jänner bis zum 8. Februar 1778 gelebt hatte. Sie bilden die Hauptquellen für Büchners Erzählung „Lenz".
In Lenz hatte Büchner einen Geistesverwandten entdeckt; er legte seiner Figur daher das eigene literaturtheoretische Programm in den Mund. Lenz verurteilt im Kunstgespräch der Erzählung „die, welche die Wirklichkeit verklären wollten" [4]); das sei „die schmählichste Verachtung der menschlichen Natur"[5]). Er fordert als Dichter „in Allem – Leben, Möglichkeit des Daseins, und dann ist's gut"[6]). Das Kriterium in Kunstfragen dürfe nicht sein, „ob es schön, ob es häßlich ist", sondern es gelte einzig das „Gefühl, daß, Was geschaffen sei, Leben habe."[7])
Dies Kunstverständnis befreit die Literatur von moralischen Tabus; es erweitert ihren Themenbereich. Wie bei Lenz kann und soll Literatur bei Büchner, am deutlichsten im „Woyzeck", „die erbärmlichste Wirklichkeit" darstellen.
Da ist es kein Zufall, daß Lenz' und Büchners Ideen 50 Jahre später abermals „zündeten": Die Autoren des deutschen Naturalismus entdeckten sie als Vorläufer des sozialkritischen Dramas. Carl Bleibtreu nannte Lenz in der Programmschrift „Die Revolution der Literatur" (1886) „die jammervollste aller Literaturleichen" und sah ihn „an wirklicher Lebenskenntniss und Charakteristik ... immer noch unerreicht". [8]) Arno Holz, Gerhart Hauptmann und Frank Wedekind interessierten sich für die Milieubedingtheit seiner Figuren. Max Halbe, der „Die Soldaten" an der „Freien Volksbühne Berlin" aufführen wollte, faßte die Lenzbegeisterung zusammen: „Die Formel des naturalistischen Charakterdramas steht vor uns ... wie seit den Tagen Shakespeares."[9]) Georg Büchner ließ in seiner Erzählung Lenz einige naturalistische Gestaltungsprinipien vorwegnehmen. Lenz sagt dort: „Man versuche es einmal und senke sich in das Leben des Geringsten und gebe es wieder in den Zuckungen, den Andeutungen, dem ganz feinen, kaum bemerkten Mienenspiel"; er habe „dergleichen versucht im 'Hofmeister' und den 'Soldaten'".[10])

Eine eigene Dramentheorie entwickelt Lenz' Arbeitsgrundsätze und seine Meinung darüber, wie die Gesellschaft im Theaterstück wahrheitsgetreu darzustellen sei. „Die Anmerkungen übers Theater" (1771 entstanden, 1774 gedruckt) sind zusammen mit Goethes Rede „Zum Schäkespears Tag" (1771) und Herders Shakespeareaufsatz (1773) zugleich das wichtigste Zeugnis für den prägenden Einfluß des englischen Dramatikers auf den Sturm und Drang. Lenz brach mit der normativen Regelpoetik und versuchte, Shakespeares Schreibweise auf das zeitgenössische deutsche Drama anzuwenden.

Das neue Literaturverständnis geht von der Kritik tradierter Dramentheorien aus. Die Dichtkunst, heißt es, „scheint meinem Bedünken nach nichts anderes als die Nachahmung der Natur, das heißt aller der Dinge, die wir um uns herum sehen, hören etcetera, die durch die fünf Tore unsrer Sinne in dieselbe hineindringen"[11]). Lenz interpretiert den Grundsatz der Naturnachahmung: Der sinnliche Eindruck ist, nach der Genieästhetik, sein Hauptkriterium für künstlerischen Ausdruck. Nur subjektive Wahrnehmung könne die Wirklichkeit angemessen erfassen. Die idealisierte Realität im literarischen Klassizismus der Zeit und die normative Regelpoetik, seit Aristoteles immer wieder als verbindliche Richtschnur ausgegeben, erhalten beide eine Absage. Lenz nähert sich in den „Anmerkungen" unserem modernen Verständnis von Realismus.

Einige Details im „Tugendhaften Taugenichts" zeigen, wie der Bruch mit den starren Regeln sich in der Praxis auswirkt: Lenz zieht einer inhaltlich und formal in sich geschlossenen Dramenform jene „unverbundenen Szenen" vor, die er an Shakespeare bewunderte. Sie halten jeweils einen prägnanten Ausschnitt fest. Die Schauplätze wechseln in fast jeder Szene: Wohnzimmer, Konzertsaal, „ein nacktes Feld", Wohnhaus, Schulstube, Dorfkneipe, das Schlachtfeld. Es existiert auch keine Einheit der Zeit: Das eine Mal liegen Minuten zwischen zwei Szenen, das andere Mal aber mehrere Wochen. Diese Konzeption gibt Lenz schöpferische Freiheit im Einzelnen.

Nach der Meinung des Aristoteles und seiner Schüler ist in einer Komödie der Charakter der Figur das Hauptmoment, in der Tragödie dagegen ist es die Handlung, also der schicksalhafte Verlauf der Ereignisse. Diese Zuordnung stülpt Lenz um: „Meiner Meinung nach wäre immer der Hauptgedanke einer Komödie die Sache, einer Tragödie eine Person."[12]) Bei ihm dringen deshalb Elemente, die nach Aristoteles der Tragödie vorbehalten sind, in jene Gattung, die Lenz Komödie nennt, ein. Charakter und Handlung sind nun stärker miteinander verknüpft. Die frühere Charakter– bzw. Typenkomödie erweitert sich, nun gilt: „Die Personen sind für die Handlungen da."[13]) Das war der Bruch mit einem seit dem Altertum häufig erneuerten Theaterkonzept.

Den Dreh– und Angelpunkt des neuen Theaters ohne Bezüge auf Aristoteles erblickte Lenz im Werk Shakespeares: „Der Witz eines Shakespeares erschöpft sich nie und hätt er noch so viele Schauspiele geschrieben."[14]) Denn die Wirksamkeit seiner Dramen „kommt aus der Ähnlichkeit (d. i. Naturähnlichkeit, d. Hrsg.) der handelnden Personen, partium agentium, die Mannigfaltigkeit der Charaktere und Psychologien ist eine Fundgrube der Natur, hier allein schlägt die Wünschelrute des Genies an. Und sie allein bestimmt die unendliche Mannigfaltigkeit der Handlungen und Begebenheiten dieser Welt."[15]) Lenz bewunderte an Shakespeare die Wirklichkeitsnähe der Figuren und das Überschreiten von Standesgrenzen. Seine dramatische Sprache sei „die des kühnsten Genius, der Erd und Himmel aufwühlt, Ausdruck zu den ihm zuströmenden Gedanken zu finden. Mensch, in jedem Verhältnis gleich bewandert, gleich stark, schlug er ein Theater fürs ganze menschliche Geschlecht auf, wo jeder stehn, staunen, sich freuen, sich wiederfinden konnte, vom obersten bis zum untersten."[16]) Shakespeares glaubhafte Personendarstellung, ihr Bezug auf die „Begebenheiten der Welt" und seine Technik der Stilmischung ergaben das Fundament für Lenz' wirklichkeitsnahe Dramatik, die im „Hofmeister" (1774) und in den „Soldaten" (1775) hervortritt.

„Der Hofmeister" wurde von Lenz zunächst als Trauerspiel bezeichnet; in der Handschrift findet sich der Gattungsname „Lust– und Trauerspiel". Als das Stück fertig war, nannte Lenz es „Komödie"; er folgte damit der eigenen Definition in den „Anmerkungen": „Komödie ist Gemälde der menschlichen Gesellschaft, und wenn es ernsthaft ist, kann das Gemälde nicht lachend werden."[17]) Die Komödie wendet sich an breite Zuschauerschichten, gerade deshalb darf sie aber nicht bloß lustige Unterhaltung sein. „Daher müssen unsere deutschen Komödienschreiber komisch und tragisch zugleich schreiben, weil das Volk, für das sie schreiben, oder doch wenigstens schreiben sollten, ein solcher Mischmasch von Kultur und Rohigkeit, Sittigkeit und Wildheit ist."[18]) Läuffer, der „Hofmeister", Privaterzieher für eine wohlhabende Familie, führt sich selbst als komische Figur ein; er beschreibt sich negativ, ist aber von sich eingenommen. Das Stück setzt mit seinem Monolog ein: „Mein Vater sagt: ich sei nicht tauglich zum Adjunkt ... Zum Pfaffen bin ich auch zu jung, zu gut gewachsen, habe zu viel Welt gesehn, und bei der Stadtschule hat mich der Geheime Rat nicht annehmen wollen. Mag's! er ist ein Pedant und dem ist freilich der Teufel selbst nicht gelehrt genug ... Er nennt mich immer nur Monsieur Läuffer, und wenn wir von Leipzig sprechen, fragt er nach Händels Kuchengarten und Richters Kaffeehaus, ich weiß nicht: soll das Satire sein, oder – Ich hab ihn doch mit unserm Konrektor bisweilen tiefsinnig genug diskurieren hören; er sieht mich vermutlich nicht für voll an."[19]) **Das Neue an diesem Ansatz ist, daß den**

Hofmeister Läuffer als komische Figur ein tragisches Schicksal trifft. Dabei steckt er in einer Zwangslage von Anfang an; denn Lenz kritisiert das Hofmeistertum. Es bedeute, das Leben an einer „Sklavenkette verseufzen", denn: „Ohne Freiheit geht das Leben bergab rückwärts."[20])

Der Engländer

Lenz nannte das Stück „eine dramatische Phantasei"; das verweist auf dichterische Freiheit, die er sich in dieser Gattung nehmen konnte. Die Buchausgabe erschien 1777.
Im Mittelpunkt steht Robert Hot, der 20jährige Sohn eines britischen Adelshauses; er erlebt die gesellschaftliche Realität im Leiden an der unglücklichen, schwärmerischen Liebe zu einer französischen Prinzessin. Die Kluft zwischen den Lebenswünschen des Einzelnen und den Zwängen der Gesellschaft arbeitet Lenz scharf heraus: Lord Hot, Roberts Vater, wünscht, daß der Sohn von Turin unverzüglich nach England abreist, wo er eine glanzvolle Karriere für ihn vorbereitet hat. Diese schließt Roberts Einwilligung zu einer bloßen Zweckehe mit ein, also den endgültigen Abschied von seiner Liebe. Diese Liebe ist für Robert innere Befreiung („Hier ist Leben, Freude ohne Ende, Seligkeit ohne Grenzen"), das Drängen des Vaters erlebt er als gesellschaftliche Gewalt: „Komm schöne Armida rette mich! laß mich dich noch einmal demütig anschauen, dann mit diesem Gewehr mir den Tod geben; meinem Vater auf ewig die grausame Gewalt nehmen, die er über mich hat. Mich nach England zurückführen! mich zu den öffentlichen Geschäften brauchen! mich mit Lord Hamiltons Tochter verheuraten" (I. Akt, 1. Szene).

Der väterlichen Gewalt wirft er vor, gegen die menschliche Natur gerichtet zu sein: „O wie unglücklich ist doch der Mensch! In der ganzen Natur folgt alles seinem Triebe (dem der Natur, d. Hrsg.) ... nur der Mensch – – Wer will mir's verbieten? Hab ich nicht zwanzig Jahre mir alles versagt, was die Menschen sich wünschen und erstreben? Pflanzenleben gelebt, Steinleben? bloß um die törichten Wünsche meines Vaters auszuführen; alle sterbliche Schönheit hintan gesetzt und wie ein Schulmeister mir den Kopf zerbrochen; ohne Haar auf dem Kinn wie ein Greis gelebt, über nichts als Büchern und wesenlosen Dingen, wie ein abgezogener Spiritus in einer Flasche, der in sich selber verraucht"(ebd.).
Der Vater will seine durch Tradition gesicherte Autorität nicht aufgeben, er verweigert Robert die Freiheit, über sich selbst zu bestimmen. Die Kritik am pädagogischen Rationalismus der Väter führt zum Bruch mit ihnen: „Weg mit den Vätern! – Laßt mich allein!" (V. Akt, 1. Szene). In der Überzeugung, der Vater handle unmenschlich – während Lord Hot selbst sich für einen Menschenfreund hält – rät der empörte Sohn ihm,

„von wilden Tieren Zärtlichkeit für ihre Jungen zu lernen".
Die ersehnte Harmonie von Ich und menschlicher Natur, von gesellschaftlichen Ansprüchen und privatem Glück kommt auch im zweiten Handlungsstrang, Roberts Liebe zu Armida, nicht zustande. Armida weist Robert zunächst ab; er täuscht daraufhin vor, ein Deserteur zu sein, kommt in Haft und wird zum Tod verurteilt. Armida weiß, daß nur sie die Ursache der unglücklichen Verirrung seiner Einbildungskraft war. Sie erreicht die Begnadigung für Robert, dem von Anfang an klar war, daß sie für ihn unerreichbar ist: „Ich kann und darf nicht hoffen sie jemals zu besitzen, doch kann ich nicht leben ohne diese Hoffnung." Ihr Geschenk – ihr Porträt – und ihre Worte entfachen trotzdem neue Hoffnung in ihm; „... und bilden Sie sich ein, daß das Urbild von diesem Gemälde vielleicht nicht so gefühllos bei Ihrem Leiden würde gewesen sein, als es dieser ungetreue Schatten von ihm sein wird" (II. Akt, 2. Szene). Doch er sieht sie nie wieder.
Gegen die äußeren Widerstände und gegen sein Wissen um die Unerfüllbarkeit dieser Liebe bekennt Robert sich konsequent zu seiner Leidenschaft. Dabei spielt die Phantasie eine entscheidende Rolle: „Überall werd ich sie sehen, sie hören, sie sprechen." Die Geliebte existiert als Bild weiter, das die Phantasie ihm ausmalt. Das Schwärmen beglückt ihn, obwohl er sich der Schwärmerei bewußt ist. Sein Glück braucht die Illusion.
Lenz zeigt keine Lösung der Konflikte. Robert wird, eingeschirrt ins Joch der Bevormundung, zwischen Gefühlseruptionen und Selbstmordgedanken hin– und hergerissen. Ein Selbstmordversuch im Affekt mißlingt; den zweiten plant er kühl und gelassen; er gelingt. Den einzigen Ausweg, um seine Liebe ohne einen Kompromiß mit der unverständigen Welt der Väter behaupten zu können, sieht er im Tod.
Robert ist stark genug, jede Vermittlung abzulehnen: „Behaltet Euren Himmel für Euch." Die Widersprüche bleiben bestehen: Gegen allen Widerstand zu lieben, aber sich dabei aufzugeben; auf eine Hoffnung angewiesen zu sein, die von Anfang an vergeblich ist; um der radikalen Liebe willen das praktische Leben zu verachten – trotz des Schmerzes, den das Wissen darum verursacht.

Der tugendhafte Taugenichts

Der tugendhafte Taugenichts – so könnte auch eine der Typenkomödien heißen, die damals Aufklärung unters Volk bringen sollten. Lenz kehrt aber deren moralische Normen um: Sein Taugenichts hat mehr positive als negative Züge; der Musterknabe der Familie dagegen entpuppt sich als kaltschnäuziger Verbrecher. Die Anlage des Stücks folgt einer „Geschichte des menschlichen Herzens", die der Republikaner Schubart in seinem „Schwäbischen Magazin" als großen Stoff gelobt hatte. Sie fand zwei Bearbeiter: Lenz und, fünf Jahre später, Schiller: sein Werk, das zuerst den Arbeitstitel „Der verlorene Sohn" hatte, nannte Schiller „Die Räuber". Neben dem Motiv der verfeindeten Brüder enthielt die Geschichte aus Schubarts Zeitschrift auch das vom verlorenen Sohn, ein Grundthema bei Lenz. Schiller, dessen „Räuber" auch von Shakespeares „König Lear" beeinflußt sind, ging bei der Anlage des Konflikts ähnlich vor. Karl und Franz Moor wiederholen die Konstellation David – Just; der alte Moor hat Züge des alten Leybold. Dem guten der beiden Brüder, der bei Schubart ein draufgängerischer Student ist, gab Lenz Züge aus der eigenen Biographie: Für David passen die Lebensziele des Vaters nicht. Er ist, wie Robert im „Engländer", unglücklich verliebt; er flieht in den Militärdienst.

Die aus dem „Hofmeister" bekannte Kritik gegen eine Erziehung, die alle Schüler über den Leisten angeblicher Lebenstüchtigkeit schlägt, kehrt hier wieder. So gute Absichten der alte Leybold mit David haben mag - er mißdeutet dessen Abneigung gegen stures schulisches Pauken so gründlich, daß er ihn als Sohn verleugnet: „Geh in den Wald, Bauernbube, und hack Holz, ein Holzhacker hat dich gemacht, stumpfe Seele" (2. Bearb., I. Akt, 2. Szene). Er verknüpft den Mißerfolg seiner Erziehungsmaßnahmen mit eigener Schuld („was muß aus dir werden, oder der Teufel muß dich und mich holen") und droht dem Sohn drakonische Strafen an: „Ich laß ihn auf Jahr und Tag in ein Loch stecken, wo ihn nicht Sonn noch Mond und Tag bescheint." Vor diesem Ungeheuer von Vater und vor der unglücklichen Liebe zu Brighella läuft David weg. Er versucht, sich und der Geliebten als namenloser Soldat seinen Wert zu beweisen. Zu Hause intrigiert unterdessen der Bruder, gegen David und den Vater, um Alleinerbe der Familie zu werden.

Der Ablauf ist nicht an die Psychologie der Hauptfiguren gebunden; auch ihre Entwicklung bildet nicht den roten Faden des Stückes. Lenz beleuchtet die Situation aus verschiedenen Blickwinkeln; er wählt jeweils einen prägnanten, entscheidenden Ausschnitt und verzichtet auf einen kontinuierlich fortschreitenden Verlauf.

Ständig werden komische Situationen mit den tragischen gemischt. Der Grund liegt in Lenz' Anliegen, als Dichter die „Natur" nicht zu verfälschen. Da das Leben nicht einseitig komisch oder tragisch sei, dürfe ein Drama, das Leben darstellt, es auch nicht sein. Die verwendeten Muster aus der Komödientradition sind der Rollentausch zwischen Herr und Diener, die vorgetäuschte Gefahr, zwei Liebende sollten getrennt werden, und der Maulheld als Feigling. Ein Wechsel von Gefühlen wirkt auf den Zuschauer ein.

Lenz' zweite Bearbeitung des „Taugenichts" bringt Theaterleben auf die Bühne und verstärkt die komischen Bezüge: Zwei lüsterne Adlige stellen den Laienschauspielerinnen im Haus des Vaters nach. Auch der Zeitbezug ist verstärkt; man hört mehr Anspielungen auf den Siebenjährigen Krieg; er lag in Schlesien, wo das Stück spielt, elf Jahre zurück.

Die Aussteuer

„Welch Feuer herrscht in den Plautinischen Stücken" schwärmte Lenz in einem Aufsatz „Über die Bearbeitung der deutschen Sprache"[21]). Daher konnten ihm die Plautuskomödien als Muster des künftigen deutschen Theaters erscheinen, in dem für starres Moralisieren und für gekünsteltes Verhalten von Figuren kein Platz mehr sein sollte. Er ließ sich von den drei Übertragungen Lessings anregen, durch fünf weitere dem römischen Volksdichter wenigstens „einen Stein aufrichten" (Vorwort der Erstausgabe vom 1774) zu lassen. Lenz' Bearbeitung des Plautus erschienen nahezu gleichzeitig mit dem „Hofmeister"; eine „Straßburger literarische Sozietät", deren führendes Mitglied Lenz war, schoß die Druckkosten zu.

Wie Shakespeares Stücke sind die Komödien des Plautus nicht auf Aristoteles' Poetik bezogen; schon das machte sie für Lenz interessant. Plautus schrieb für ein sehr munteres, lärmendes und schwätzendes Theaterpublikum, das gefesselt sein wollte. Daher die zügig vorangetriebene, möglichst bühnenwirksame Aktion und die derbe, drastische Volkssprache.

Den Unterschied dieser Komödien zum zeitgenössischen deutschen Theater hatte schon Goethe gesehen. Er ermunterte Lenz: „Wir haben Sittlichkeit und Langeweile - willkommen wird jeder sein, der eine Munterkeit, eine Bewegung aufs Theater bringt!" Lenz selbst bedauerte, daß man im deutschen Theater „so überekel und geziert ist"[22]) wie nirgendwo sonst.

Der „Aussteuer" liegt die „Aulularia" oder „Geldtopfkomödie" von Plautus zugrunde. Sie nimmt den Geiz aufs Korn. Molière hatte das römische Stück unter dem Titel „Der Geizige" ins französische Milieu übertragen. Später benützte Carl Sternheim es für „Die Kassette".
Auch Lenz setzte ein zeitgenössisches Milieu an die Stelle des spätantiken, sein Stück spielt im Kleinbürgertum einer deutschen Provinzstadt. Alles konzentriert sich auf die Situation nach dem Fund des Geldtopfes. Dessen Besitzer ist ein armer Teufel, der zu Haus eine schwangere Tochter ohne Mitgift sitzen hat. Nun ist er vollauf damit beschäftigt, den Fund geheim zu halten. Ein unglaubliches Hin und Her setzt auf der Bühne ein, ein großes Versteckspiel, das sich zur Groteske steigert. Das Geld wird zum geheimen Hausgott und unüberwindliches Mißtrauen zur Haupteigenschaft des Herrn Keller. Seine Angst vor Diebstahl macht ihn besessen. Urplötzlich rennt er von Unterhaltungen weg, um alles zu kontrollieren.
Der Nachbar will die Tochter ohne einen Pfennig Mitgift nehmen; er ist reich und finanziert die Hochzeitsvorbereitungen selbst. Keller, der Beschenkte, hat trotzdem nur eine Strafpredigt für ihn parat: Er klagt bitter, „... daß Sie mir das Hauß da mit Dieben anfüllen, mir da funfzighundert Köche in's Hauß schicken, wenn einer über und über Auge wäre, er könnte die nicht aushüten. Und den ganzen Markt da von Vicktualien in meine Küche, was werden die Leute sagen, der alte Keller muß eine Million im Vermögen haben ..." (III. Akt, 3. Szene).
Kellers Geiz entwickelt sich zur Karikatur: Beim Händewaschen könnte Keller heulen, weil soviel Wasser verschwendet wird; im Schlaf hat er eine Ochsenblase vorm Mund, um nicht kostbaren Atem zu verschwenden. Es kommt, wie es die Komödie will: Der Topf wird gestohlen.
Die entstehenden grotesken Mißverständnisse spielt Lenz in langen Wortgefechten aus. Das Musterbeispiel dafür ist die 7. Szene im IV. Akt, in der Leander mit seinem Geständnis, er habe die Tochter entehrt, bei Keller nicht durchdringt.
Den bei Plautus fehlenden Schluß ergänzt Lenz: Der Gewinn an Geld wird gegen den hohen Preis an Menschlichkeit, den er mit sich brachte, aufgewogen und für zu leicht befunden. Der Schatz war für Keller „ein Leckerbissen ... zu seiner Strafe", keine Belohnung.

Gedichte

Der Lyriker Lenz kommt in diesem Band mit einer Auswahl zu Wort, welche die Spannweite seiner Themen und Formen zeigt.
Sein Darmstädter Freund Merck urteilte: Aus Lenz' Gedichten „wehte der große Wind heraus, der uns mitschaudern machte." Er meinte, daß sie erschüttern und Bewegung beim Leser auslösen können.
Die Frühpublikation des 18jährigen, „Gemälde eines Erschlagenen", bestimmt ein ungewöhnliches, nämlich ein häßliches Sujet. Vor einer Leiche stellt das Ich sich den vorausgegangenen Mord und dessen Auswirkungen vor. Die Szene ist an Drastik kaum überbietbar.
Das zweite Gedicht, „Aretin am Pfahl gebunden...", entstand nach dem Besuch eines Schweizer Philanthropinums; es zerpflückt die Auswüchse im zeitgenössischen Erziehungswesen. Dabei entpuppen sich Weltverbesserungsideen als nur schlecht kaschierte Lizenz zum Abrichten willenloser Untertanen.
Dann folgen Gegenentwürfe zu einer derartigen Verbildung des Menschen für Staatszwecke. Sie handeln von den großen Idealen der Stürmer und Dränger: Vom möglichst intensiven Leben, vom Auskosten der Gefühle, von der Freiheit, sein eigener Herr zu sein. Ähnlich wie in unserem Jahrhundert bei den Expressionisten werden von Lenz einige Werte verabsolutiert und pathetisch gefeiert: Freiheit und Bewegung (im „Lied zum teutschen Tanz", also zu einer Allemande), die Natur als Mutter allen Lebens (in „An die Sonne"), die Freundschaft (in „Wie freundlich trägst du mich ... "), das Empfinden, die Gefühle (in „An das Herz") und vor allem die Liebe (in den anschließenden Gedichten).
Einige der Liebesgedichte entstanden, als Lenz in Friederike Brion, die Pfarrerstochter aus Sesenheim, verliebt war. Wie Goethe schrieb er ihr Briefe mit eingelegten Gedichten. Daher galt z. B. „Ach, bist du fort", das einen schmerzerfüllten Abschied festhält, lange Zeit als ein Werk Goethes. Die Stimmung des lyrischen Ichs in Lenz' Liebeslyrik erinnert an seinen Satz, er sei „vom Schicksal auf eine Nadelspitze gestellt". Sie schwankt zwischen der Hoffnung, erhört zu werden, und der Angst, die Geliebte zu verlieren. Der scheinbare Dialog mit ihr ist ein Monolog: Das Ich stellt sich die Frau nur vor. Es erschafft sie sich als Bild, als stummen Adressaten seiner Klage, und erdichtet sich ein Idol, das an den Anlaß nicht mehr gebunden ist. Schon Petrarca hatte sich dieses Kunstgriffes bedient. Es fördert kaum das Verständnis, zu erfahren, daß mit der Muse der Astronomie, „Urania" im gleichnamigen Gedicht, angeblich Goethes Schwester Cornelia Schlosser besungen wird.

Unter dem Eindruck von Übersetzungen nordischer Volkslieder und des Ossian griff Lenz in „Parrows Ufer" auf eine Form der Volksdichtung, die Ballade, zurück. Daß die Braut ihren blutigen, schon toten Bräutigam herbeisehnt und auch noch die Nacht mit ihm verbringt, war ein Verstoß gegen die erotischen Konventionen der Zeit, die auch für die Literatur galten.
Außer dem Fragment einer Faustdichtung, die Lenz im Gegensatz zu Goethe als Farce konzipiert hatte, bringt unsere Auswahl auch das berühmte Gedicht in Knittelversen, „Die Liebe auf dem Lande"; es geht auf Lenz' Zeit in Weimar zurück. Eine alleingelassene Braut heiratet darin nach angemessener Frist einen biederen Pfarrer; dem früheren Geliebten hängt sie, als einem Idol, trotzdem noch jahrelang nach. In diesem ironischen Text treten noch einmal zwei Eigenheiten von Lenz hervor: Die genaue psychologische Zeichnung der Figuren und die Kritik an einer Umwelt, die den Einzelnen an seiner Entfaltung hindert.

Ulrich und Bettina Hohoff

Anmerkungen

1. Robert Walser: Lenz. In: Robert Walser: Dichtungen in Prosa. Genf, Darmstadt 1953, Bd. 1, S. 146/47.
2. Johann Wolfgang Goethe: Sämtliche Werke. Hrsg. v. Ernst Beutler u. a.; Nachdr. d. 2. Aufl.; München, Zürich 1977. Bd. 10, S. 659.
3. Georg Büchner: Werke und Briefe. Nach der historisch–kritischen Ausg. v. Werner R. Lehmann ...; 2. Aufl.; München 1981, S. 276.
4. a. a. O., S. 76.
5. a. a. O., S. 76.
6. a. a. O., S. 76.
7. a. a. O., S. 76.
8. Carl Bleibtreu: Revolution der Literatur. Neuausg.; Tübingen 1973, S. 4.
9. Max Halbe: Der Dramatiker Reinhold Lenz. Zu seinem hundertjährigen Todestage. In: Die Gesellschaft, Jg. 8/1892, H. 1, S. 569.
10. Georg Büchner, a. a. O., S. 76.
11. Anmerkungen übers Theater. In: J. M. R. Lenz: Werke und Schriften. Hrsg. v. Britta Titel u. Wolfgang Haug. Bd. I, Stuttgart 1966, S. 333.
12. a. a. O., S. 361.
13. a. a. O., S. 361.
14. a. a. O., S. 351.
15. a. a. O., S. 351.
16. a. a. O., S. 362.
17. Anmerkungen übers Theater, a. a. O., S. 419.
18. a. a. O., S. 419.
19. Der Hofmeister. In: J. M. R. Lenz: Werke und Schriften (s. o.), Bd. II, S. 11.
20. a. a. O., S.25
21. Lenz: Werke und Schriften (s. o.), Bd. I, S. 455.
22. Verteidigung der Verteidigung des Übersetzers der Lustspiele. In: Lenz: Werke und Schriften (s. o.), Bd. I, S. 409.

Neuere Literatur über J. M. R. Lenz:

1. Huyssen, Andreas: Drama des Sturm und Drang. Kommentar zu einer Epoche. München 1980.
2. Inbar, Eva Maria: Shakespeare in Deutschland: Der Fall Lenz. Tübingen 1982.
3. Hohoff, Curt: J. M. R. Lenz. Reinbek b. Hamburg, 2. Aufl. 1984. (Rororo Bildmonographien 259).
4. Stephan, Inge; Winter, Hans–Gerd: „Ein vorübergehendes Meteor?" J. M. R. Lenz und seine Rezeption. Stuttgart 1984.

Textkonstitution:

Die Texte unserer Ausgabe folgen den Erstdrucken; die Rechtschreibung ist leicht modernisiert, soweit die Textbedeutung davon unberührt bleibt. Im Einzelnen lehnt die Textkonstitution sich an folgende Editionen an:

„Der Engländer", „Der tugendhafte Taugenichts" und der Großteil der Gedichte:
Jakob Michael Reinhold Lenz: Werke und Schriften. Bd. I, II. Hrsg. v. Britta Titel u. Helmut Haug. Stuttgart 1966.

„Die Aussteuer":
Jakob Michael Reinhold Lenz: Dramen I. Hrsg. v. Richard Daunicht. München 1967.

Die Gedichte „Gemälde eines Erschlagenen", „Liebe! sollte deine Pein" und „Parrows Ufer" sind aus Jakob Michael Reinhold Lenz: Gesammelte Schriften. Hrsg. v. Franz Blei. Erster Band. München und Leipzig 1909.
Sie erscheinen hier zum ersten Mal seit 77 Jahren.

Zeittafel

1751   Jakob Michael Reinhold Lenz am 23. Januar (12. Jan. des russ. Kalenders) in Seßwegen, Livland, geboren.
1759   Übersiedlung der Familie nach Dorpat. Lateinschule.
1766   Erste Gedichte. Gedicht *Der Versöhnungstod Christi* erscheint in den *Rigischen Anzeigen*. Gelegenheitsdrama *Der verwundete Bräutigam*.
1767   *Dina*, biblisches Trauerspiel (verloren).
1768   Studium der Theologie in Königsberg. Zyklus *Die Landplagen*.
1771   Nach Straßburg. Lernt u.a. Goethe kennen. Vorträge vor der Straßburger literarischen Sozietät.
1772-74   In verschiedenen Garnisonen, zwischendurch in Straßburg. Arbeit an den *Plautus*-Übertragungen, den *Anmerkungen übers Theater*, an Übersetzungen *Shakespeares*, an *Der Hofmeister*, *Der neue Menoza*, *Meinungen eines Layen, den Geistlichen zugeeignet* (Lenz' theologisches Hauptwerk). Briefwechsel mit Salzmann, Goethe und Lavater.
1774   Freier Schriftsteller. Broterwerb durch Stundengeben.
1775   Neue Stücke: *Die Soldaten*, *Die Wolken*. Gründung einer *Deutschen Gesellschaft* in Straßburg. Erzählung *Zerbin oder Die neuere Philosophie*. Briefwechsel mit Herder. Prosabearbeitung von Shakespeares *Coriolan*. Lenz' Tagebuch. Literatursatire *Pandaemonium Germanicum*.
1776   Neue Stücke: *Die Freunde machen den Philosophen*, *Der Engländer*, *Der tugendhafte Taugenichts*. Bearbeitung der *Catharina von Siena*. Schrift *Über die Soldatenehen*. Im März/April über Mannheim und Frankfurt Reise nach Weimar und Berka. Weitere Werke: *Der Waldbruder*, *Der Landprediger*, *Myrsa Polagi*. Ende November Ausweisung aus Sachsen-Weimar, Reise zu Schlosser nach Emmendingen; Anzeichen der Krankheit.
1777   Reisen, v.a. in die Schweiz. Neue Krankheitsanfälle.
1778   Lenz kommt zum Pfarrer Oberlin nach Waldersbach im Elsaß. Gefährliche Krankheitsschübe. Selbstmordversuche. Zu Schlosser nach Emmendingen.
1779   In Jena, Basel; ab Juli in Riga.
1780   In St. Petersburg. Versuche als Lehrer und Soldat scheitern.
1781   Im Sommer nach Moskau. Stück *Die Sizilianische Vesper*. Stellungen als Erzieher. Übersetzt aus dem Russischen.
1787-88   Freundschaft mit Karamsin. Langsame Verblödung. Gönner unterstützen ihn.
1792   Am 4. Juni (24. Mai des russ. Kalenders) auf einer Straße in Moskau tot aufgefunden.

INHALT

Der Engländer 5

Der tugendhafte Taugenichts
Erste Bearbeitung 23

Zweite Bearbeitung 42

Die Aussteuer 47

Gedichte *(Auswahl)* 78

Nachwort 95

Anmerkungen 106

Zeittafel 108

Türkische Literatur im Dağyeli Verlag

Herbartstraße 30, 6000 Frankfurt 1

Nummer Eins in der SWF-Bestenliste im März!

Gedichte
256 Seiten DM 24,80

Gedichte
150 Seiten DM 16,80

Gedichte
96 Seiten DM 12,80

Aras Ören
Das Wrack
Gedichte
112 Seiten, Franz. Broschur, DM 19,80

**Gefühllosigkeiten
Reisen von Berlin nach Berlin**
Gedichte
36 Seiten DM 12,80

Nedim Gürsel
Die erste Frau
Erzählung
128 Seiten DM 19,80

Güney Dal
**Die Vögel des falschen Paradieses
Yanlış Cennetin Kuşları**
Erzählungen
104 Seiten DM 14,80

Haldun Taner
Die Ballade von Ali aus Keşan
Theaterstück
120 Seiten DM 16,80

Demir Özlü
Ein Istanbuler Traum
Erzählung
78 Seiten DM 12,80

 **DEUTSCHE AUTOREN IM DAĞYELI VERLAG**

Wolfgang Dietrich
Hauptstadt der Arbeit
Satiren
96 Seiten, DM 16,80

Franz-Josef-Herrmann
Die Rache der fetten Sau
Moritaten
112 Seiten, DM 16,80

J. M. R. Lenz
Der Engländer
Stücke und Gedichte
ca. 144 Seiten, DM 19,80